KB274346

선택이 이끄는 성공

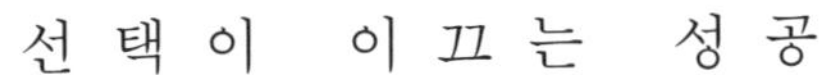

데이비드 코트렐 지음 / 정경란 옮김

선택이 이끄는 성공

퍼 냄   2006년 10월 10일 1판 1쇄 박음 / 2006년 10월 15일 1판 1쇄 펴냄
지은이   데이비드 코트렐
옮긴이   정경란
펴낸이   김철종
펴낸곳   (주)한언
          등록번호 제1－128호 / 등록일자 1983. 9. 30
주 소   서울시 마포구 신수동 63－14 구 프라자 6층(우 121－854)
          TEL. 02-701-6616(대) / FAX. 02-701-4449
책임편집 최선혜 sunhae@haneon.com
디자인   최지안 jachoi@haneon.com
홈페이지 www.haneon.com
이메일   haneon@haneon.com
          이 책의 무단전재 및 복제를 금합니다.
          잘못 만들어진 책은 구입하신 서점에서 바꾸어 드립니다.

          ISBN 89-5596-385-8 03320
              89-5596-346-7 03320 (세트)

• 이 책은《당신만의 성공기준 12선택》을 재발간 한 것입니다.

선 택 이 이 끄 는 성 공

선 택 이 이 끄 는 성 공

12 CHOICES... THAT LEAD TO YOUR SUCCESS

지금 자리에서 일어나 할 수 있는 일을 찾아보십시오.
그리고 선택하십시오.
당신의 성공에 더 가까워질 수 있는 일을.

선 택 이 란 ?   심사숙고하여 필요한 것을 고르는 행동
                 선택할 수 있는 능력 또는 자유
성 공 이 란 ?   원하는 것을 성취하는 것
                 부귀를 손에 넣는 것

“늘 깨어서 스스로 성공을 찾는 사람은 절대 멈추지 않는다.”

윌슨 미츠너*Wilson Mizner*, 미국의 극작가

이 책을 100% 사용하는 법

- 읽다가 '내 상황이다' 싶은 문장과 단어가 있으면 당장 밑줄을 긋는다.

- 전체적으로 한 번 읽고난 후, 하루에 두 장(章), 즉 2가지 선택을 골라서 일주일 동안 마음에 새기면서 다시 한 번 읽는다. 그날 읽은 부분과 자신의 현재상황을 비교분석해 앞으로 성공하기 위해 개선해야 할 점들을 종이에 적는다.

- 모든 글귀와 문장들을 하나하나 천천히 음미한다.

- 다 읽고나면 다른 사람들에게도 이 책의 내용을 전해준다. 내가 가진 지식을 다른 사람에게 전달하는 것은 가장 간단하게 남을 도울 수 있는 방법이며, 이로 인해 당신은 더욱 더 많은 지식을 얻게 될 것이다.

- 당신의 현명한 선택으로 성공의 기쁨을 맘껏 누릴 수 있길 간절히 바란다!

순간의 올바른 선택이
성공을 만들어간다

"선택은 언제나 자유롭게 할 수 있다. 다만 오늘의 선택이 내일의 당신을 결정한다는 것을 기억하라. 선택은 당신이 어떤 사람이 되고, 어떤 것을 얻고, 어떤 행동을 할지 결정한다."

지그 지글러 *Zig Ziglar*, 《정상에서 만납시다》의 저자

성공하기 위해서 지금 당신에게 필요한 것은 무엇인가?

보통의 사람들에게 이런 질문을 던진다면 대부분은 '운'과 '타이밍'이라고 대답할 것이다. 운 좋게 '시간과 장소'가 맞아 떨어져야 한다고 혹은 하루아침에 인생을 확 피게 할 만한 커다란 행운이 필요하다고 답할 것이다. 더러는 부모로부터 물려받은 막대한 재산을 성공의 필수조건으로 꼽을 수도 있다. 그렇지만 오직 운만으로 성공한 사람이 있을까? 물론 '타이밍'이 기가 막히게 맞아 떨어져서 혹은 부모로부터 물려받은 어마어마한 유산을 발판 삼아 성공을 거머쥐는 사람도 있다. 그러나 행운의 여신이 어쩌다 한번 손들어준 것으로, 또 부모덕에 큰 어려움 없이 승승장구했던 사람들이 '진짜 성공'을 경험했다고 할 수 있을까? 결코 아니다. 그렇다면, 지금 진정한 성공을 갈망하는 당신에게 필요한 것은 과연 무엇일까?

성공은 궁극적으로 올바른 선택을 하고, 설령 잘못된 선택을 했을지라도 그 선택에서 재빨리 벗어나는 사람에게만 찾아온다. 선택은 앞으로의 방향을 결정한다. 선택을 하는 그 순간, 우리는 성공에 좀더 다가가거나 아니면 반대로 멀어지기도 한다. 그러므로 성공을 얻으려면 가정에서나 사회에서 순간순간을 올바른 선택으로 채우고, 설령 잘못된 선택을 했더라도 다시는 반복하지 않도록 하는 게 중요하다.

　가족과 친지, 직장동료, 혹은 이웃에서 '성공'했다는 사람들을 한번 살펴보라. 그들의 인생은 올바른 선택으로 채워져 있을 것이다. 올바른 선택이 결국 성공을 부른다는 이 법칙에 예외란 없다. 성공은 운이나 조건이 따라줘야 잡을 수 있는 것도 아니고 수호천사의 축복이 있어야만 가능한 것도 아니다. 성공한 사람들을 조금 더 면밀하게 살펴보면 그들에게는 분명 그들만의 공통점이 있다. 그들만의 뭔가 특별한 비법, 남들과는 다른 뛰어난 능력과 실력이 있을 거라고 생각하는 사람들이 많지만, 놀랍게도 성공한 사람과 그렇지 못한 사람들 간의 차이는 별로 크지 않다. 믿겨지지 않는가? 연봉 25만 달러를 버는 세일즈맨이 있다고 생각해보자. 그는 과연 같은 구역에서 같은 종류의 상품을 팔면서도 연봉 5만 달러밖에 벌지 못하는 사람보다 5배나 더 뛰어난 지능과 능력을 갖고 있는 것일까? 당연히 그렇지 않다.

　그렇다면 성공한 사람과 그렇지 못한 사람에게는 어떤 차이점이 있는 것일까? 그 둘의 경계선을 결정짓는 것은 바로 '선택하는 능력'이다. 성공하는 사람들은 보통 사람들이라면 절대 달가워하지 않을 것도 기꺼이 선택한다. 성공한 사람들의 이야기를 들어보라. 그들의 성공 스토리가 언제나 장밋빛이었던 것은 아니다. 때로는 그들도 다른 이들처럼 어려운 선택을 피하고 싶어 했다. 그러나 미래에 대한 큰 목표와 포부를 품고 있기에 원치 않는 선택도 기꺼이 감수하고 실행했던 것이다.

　'선택'의 요소 중에서 특별히 우리를 성공으로 이끄는 게 하나 있다. 많은 사람들이 이를 간단히 무시해버리거나 아예 그것의 중요성을 모른 채 쉽게 간과해버리고 마는데, '선택'과 성공의 연결고리를 이해하는 사람, '선택'하는 것에 열정을 쏟는 사람만이 볼 수 있는 그 요소를 우리는 **마음가짐의 선택**(Character choices)이라고 부른다. 마음가짐의 선택은 일이 잘 풀리지 않더라도 자신을 희생양으로 여기지 않고, 성공하기 위해 헌신적이고 열정적인 마음가짐을 갖는 것이다. 또한 고귀한 가치가 있는 일을 찾아 정직하고 성실하게 행동하겠다는 굳은 결심이기도 하다. 한편 **행동의 선택**(Action choices) 역시 성공에 있어 반드시 필요한 것이다. 행동의 선택이란 무엇인가? 일단 마음속으로 선택했으면 말만 할 것이 아니라 직접 행동으로 옮기겠다는 실천력, 한 가지 목적이 생기면 그것을 이룰 때까지 굳건히 참고 견디는 인내, 개인생활에서나 사회에서나 열정을 불태우는 태도, 힘들고 어려운 상황과 문제를 공략해 정복해나가는 의지가 여기에 속한다. 행동한 다음에는 성공의 열매를 수확하기 위해 **미래에 투자하는 선택**(Investment choice)이 뒤따라야 한다. 인간관계에 대한 투자, 건전한 비판에서 배우는 조언, 자신의 장점과 단점에 대한 현실인식, 다음 세대에게 귀감이 될 유산이 이에 속한다.

많은 경험과 관찰을 토대로 만들어진 이 책은 성공한 사람들이 공통적으로 보여준 12가지 선택에 대한 당신의 통찰력을 키워주고 당신이 사회생활에서 갖게 될 성공의 기회를 더욱더 확장시켜줄 것이다. 이 12가지 선택은 당신도 충분히 할 수 있는 것들이지만, 그렇다고 앞으로의 과정이 결코 쉽지만은 않을 것이다. 그럼에도 이 선택들은 당신이 더 나은 결정을 내릴 수 있도록 도와주고, 인생의 모든 면에서 성공의 가능성을 높여주는 삶의 깊은 철학을 갖게 해줄 것이다. 성공을 위해 신중한 선택을 하고 그에 대한 책임을 기꺼이 받아들일 준비가 됐다면, 당신은 선택이 갖고 있는 엄청난 힘을 맛볼 수 있을 뿐 아니라, 동시에 인생의 물살에 이리저리 휘둘리는 나약한 태도에서 벗어날 수 있을 것이다.

당신은 당신의 선택을 통해 스스로의 성공을 좌우할 수 있는 강한 사람이 될 수 있다.

선택, 그것은 끝없는 도전

올바른 선택을 하는 일은 인생의 끝없는 도전거리다. 일단 주변의 수많은 유혹과 장애를 뚫고 나갈 수 있도록 엄청난 노력과 성실함이 필요하다. 그래서 선택을 하는 데는 많은 연습이 필요하다. 인생에서 단 하루라도 선택하지 않고 넘어가는 날은 결코 있을 수 없기 때문이다. 예를 들어 선거에 출마한 후보자들 중 한 사람을 고르는 일에서부터 직장에서 임직원을 선별하는 일, 업무에 관한 힘든 결정을 내려야 하는 상황, 단순하게는 아침식사로 참치 샌드위치와 에그 샌드위치 중 무엇을 먹을지, 까페에서 커피를 마실지 차를 마실지 고르는 일에 이르기까지 우리의 인생은 끊임없는 선택으로 판가름난다고 해도 과언이 아니다.

또한 훌륭한 선택을 위해서는 지속적인 집중과 관심이 필요하다. 처음에는 좋아 보였지만 나중에는 인생의 큰 장애물이 되는, 결과적으로는 잘못된 선택도 있을 수 있기 때문이다. 해가 갈수록 이혼율이 급증하고 있다는 신문기사나, 출발은 그럴 듯했지만 곧 문을 닫고 폐업하는 가게들이야말로 잘못된 선택의 증거일 것이다.

끊임없이 일어나는 모든 선택은 우리 자신의 마음가짐과 행동, 미래투자에 대한 선택이 반영된 것이므로, 의식하지 않아도 자연스럽게 우리의 레이더가 최선의 선택을 향하도록 노력해야 한다. 그러기 위해서는 인내심과 정직한 반성, 수용, 헌신의 자세가 필요하다.

선 택 의 특 권

선택이란 바로 자유다. 자유라는 특권이 있기에 우리는 삶의 모습을 스스로 만들어 갈 수 있는 것이다. 그런데 그 자유는 결코 누구에게나 당연하게 주어지는 게 아니다.

미국의 대학원생 한 명이 연구를 위해 교도소에 들어가 이른 아침부터 저녁때까지 수감자들의 생활 스케줄에 따라 일주일간 생활해보았다고 한다. 그리고 그는 일주일 후 수감생활에 대한 보고서를 작성하면서, 가장 힘들었던 것은 선택할 수 없는 상황이었다고 고백했다. 그는 "수감자들은 일어나서 샤워하고 식사하고 운동하는 등 가장 기본적인 일상의 부분들조차도 스스로 선택할 수 없었다. 선택의 자유가 없었던 일주일간의 수감생활은 내 인생에서 가장 충격적이고 힘든 경험 중 하나였다"고 말했다.

자유민주주의 사회에서 '일상에서 가장 기본적인 자유를 빼앗는 것'이 형벌의 한 형태라는 사실은 정말 흥미롭지 않은가? 교도소 수감자들은 선택의 자유가 없는 인생이 지옥처럼 끔찍하다는 사실을 금방 깨닫는다. 한 마디로 잘못된 선택을 하면, 선택의 자유는 점점 줄어드는 것이다.

우리는 언제나 신속하고도 정확한 결정을 내리라는 강요 속에서 산다. 거기에서 오는 스트레스도 만만치 않다. 그러나 선택의 자유가 없는 인생은 전혀 유쾌하지 않다. 그 사실을 명심하고 선택이라는 특권을 의미 있게 사용하도록 해야 한다.

혹시 '선택'이라는 새로운 인생철학을 배우기가 너무 늦었다고 생각되는가? 그렇다면 당신은 지금 스스로의 힘으로 올바른 선택을 할 수 없을 거라는 두려움 속에 있는 것이다. 인생에 너무 늦은 때란 없다. 욕구 5단계설을 내놓은 미국의 심리학자 아브라함 매슬로우*Abraham Maslow*는 "인간 사회의 여러 가지 얘깃거리는 자신을 너무도 쉽게 포기해버린 남자와 여자들에 관한 것이다."라고 말했다. 그러니 당신은 절대 쉽게, 싼값에 자신을 포기하지 말라. 오늘부터 더 나은 선택을 시도한다면 당신도 분명 성공할 수 있다. 끊임없이 배우면서 올바른 선택을 실천할 때, 당신이 그토록 원하던 성공은 어느새 당신 곁에 가까이 와 있을 것이다.

1. 마음가짐을 정비하라

나로부터 시작되는 성공의 토대

성공을 위한 선택

마음가짐

1. 희생양의 선택
2. 헌신의 선택
3. 가치의 선택
4. 정직의 선택

행동

5. 실행의 선택
6. 인내의 선택
7. 태도의 선택
8. 역경의 선택

미래투자

9. 관계의 선택
10. 비판의 선택
11. 현실의 선택
12. 선행의 선택

"남들의 존경을 받기 위해서는 인격이라는 기본적인 토대가 필요하다. 세상에 그 어떤 건물도 부실한 토대 위에 세워질 수 없듯이, 나약한 인격은 타인의 존경을 받을 가치가 없다."

R. C. 샘슬*R. C. Samsel*

1. 희생양의 선택

과거에 사로잡혀 미래를 포기하겠는가?

"절대 화내면서 혼자 침묵하지 마라. 절대 자신을 희생양으로 만들지 마라. 타인이 당신의 인생을 정의하도록 내버려두지 말고 자신을 스스로 완성시켜라." …하비 S. 파이어스톤 *Harvey S. Firestone*

불쌍한 게리.

사람들은 그를 '불쌍한 게리'라고 불렀다. 게리는 사무실 귀

통이의 좁은 칸막이 안에서 하루 종일 죽어라 일을 하고, 동료들은 항상 그를 안쓰럽게 생각했다. 그도 그럴 것이 게리는 항상 최악의 영업구역을 배정받고, 거래처는 매번 외상을 요구하는데다, 스케줄은 불가능하다 싶을 정도로 빡빡하게 주어지기 때문이다. 심지어 거래가 성사될 것 같은 분위기가 되어 슬슬 보너스를 계산해보는 순간, 고객은 맘이 바뀌었다며 계약을 뒤엎기 일쑤다. 결국 월말이 되면 전체 평균도 안 되는 그의 저조한 실적이 드러나게 된다. 여기서 끝일까? 그렇지 않다. 새로운 달이 시작되면 불쌍한 게리의 어깨는 더욱 움츠러들고 말투에서는 자신감을 찾아볼 수 없다. 그의 영업실적은 계속해서 바닥을 헤매고, 심지어 주문전화도 거의 오지 않는다. 지난달의 형편없는 실적을 이번달에는 만회할 수 있을까? 별로 그렇지도 않을 것 같다.

'희생양(Victim)'이란 말은 '불행이 따라다니는 사람'이라고 정의할 수 있을 것이다. 의심할 것도 없이 우리의 불쌍한 게리는 이런 희생양에 속하는 사람이다. 그러나 그의 불행은 자신을 희생양으로 생각하겠다는 선택을 했다는 데서 시작한다. 게리는 언제나 투덜거리며 윗사람들의 무능력한 경영이나 지독하게 나쁜 운수, 경제불황에 불만의 화살을 돌린다. 동시에 그는 모든 불행의 희생양이 되는 것이다.

불쌍한 게리에게서 시선을 돌려, 저 반대쪽에서 일하는 콜린을 살펴보자. 콜린 역시 한때 게리가 있던 자리에 앉아 게리와 똑같은 구역을 상대로 영업을 했다. 그러나 그는 보란 듯이 최고의 실적을 올려 지금의 위치까지 승진했다. 그에겐 게리와 다르게 행운이 따랐던 걸까? 수완이 더 좋았던 걸까? 콜린과 게리의 다른 점은, 게리는 자신이 애꿎은 희생양이 되었다고 불평불만만을 늘어놓았지만 콜린은 '희생양이 될 수는 없다'라는 선택을 했다는 것이다.

예상치 못했던 상황에 부딪칠 때마다, 콜린은 지금보다 더 나은 상황을 만들기 위해 일에 더욱 더 깊이 파고들었다. 열심히 마케팅 전략을 구사했는데도 주문을 따내지 못하면, 무슨 이유로 계약을 성사시키지 못했는지 그 이유를 냉철하게 분석해 다음에는 결코 고객을 놓치지 않도록 전략을 개선해나갔다. 말하자면 콜린은 가만히 앉아서 행운이 저절로 다가오기만을 기다리는 대신, 행운이 자신에게 찾아오도록 적극적으로 행동하겠다는 선택을 한 것이다.

어려운 일이 생겼을 때 게리는 남탓을 하며 불평하는 덫에 갇혀 있었지만, 콜린은 상황이 좋지 않을 때도 영업무기를 장전하고 발사, 장전하고 또 발사하면서 앞으로 나아갔다. 그 결과 콜린은 승진에 승진을 거듭해 예전의 좁다란 칸

막이에서 벗어나 번듯한 사무실을 차지하게 되었다. 어떤 상황과 마주쳐도 그에 대처할 수 있는 능력을 갖고 있었던 콜린 같은 사람 앞에 좋은 일들이 일어나는 것은 너무도 당연한 것 아닐까? 반면 불쌍한 게리는 여전히 불행의 늪에서 헤어 나오지 못하고 있었다. 단지 우연일 뿐이라고? 그렇지는 않을 것이다.

갑작스러운 일에 대항하라

많은 사람들이 예기치 못한 어려운 상황을 만나면 그저 희생양이 되겠다고 선택한다. 손쓸 도리가 없다고 생각하고 불행을 당연하다는 듯이 받아들이는 것이다. 그러나 똑같은 상황이라도 초인적인 능력으로 난관을 꿋꿋이 헤쳐나가는 사람들도 있다. 예기치 못한 일을 만나더라도 항상 긍정적으로 대항하라. 변명거리를 찾아다니는 대신 해결책을 찾겠다고 결심하는 것은 스스로 희생양이 되지 않겠다는 현명한 선택이다.

혹시 주변에 갑작스런 불행을 꿋꿋이 극복해낸 이가 있다면 그 사람을 유심히 관찰해보라. 그 사람이야말로 진정으로 특별한 사람이기 때문이다. 내게는 짐이 바로 그런 사람이었다. 무슨 일이 생기든 짐은 문제를 해결해나갔다. 짐이 대학에 입학하던 해, 갑자기 그의 아버지가 운명을 달리하셨고 그 이후 짐은 스스로 학비와 생활비를 조달해야 했다. 그는 돈이 되는 일이라면 무엇이든 가리지 않고 일했고 결국 무사히 졸업할 수 있었다. 심지어 졸업 후 취직한 회사에 구조조정의 바람이 불어 그만둬야 할 상황이 되었을 때도 짐은 여러 회사를 물색해 새로운 일자리를 구했다. 내가 이 대목에서 '더 나은 회사'라고 말하지 않았다는 것을 기억하라. 그는 현재의 자리에서 열심히 노력해 스스로 더욱 발전하는 사람이었다. 인생의 고비고비마다 힘든 일이 닥쳐왔지만, 그 어떤 것도 성공을 향한 짐의 의지를 꺾을 수는 없었다.

짐이 보여준 강인함은 도대체 어디에서 나온 것일까? 바로 '나는 희생양'이라는 피해의식을 떨쳐버리고자 선택한 결과다. 인생이 휘두르는 무자비한 운명의 힘에 휘둘리지 않고 짐은 그 운명에 맞서나갔던 것이다. 그는 '인생을 곤경에 빠뜨리는 거대한 음모 따위는 없다'는 것을 알고 있었다. 지금 그의 앞에 버티고 있는 현실이 좋은가 좋지 않은가가 중요한 게 아니라, 그 현실에 대한 대응이 중요하다는 것을 이해하고 있었던 것이다. 과거 어렵게 대학을 졸업하고 정리해고라는 통보까지 받아야 했던 그는, 현재 개인적·사회적으로 남들의 귀감을 살 만한 성공적인 인물이 되었다.

짐이 우리에게 주는 메시지를 다시 한 번 음미해보자. 우리 앞에 놓인 현실자체는 그리 중요하지 않으며 오히려 그 현실에 대응하고자 하는 우리의 선택이 중요하다. 그리고 그 선택은 우리의 미래에 영향을 미쳐, 앞으로의 행보와 인간관계, 도전을 결정짓는다.

예기치 못한 일은 언제라도 일어나게 되어 있다. 다만 그 일에 어떻게 대처할 것인가 하는 선택이 우리의 몫으로 남아 있을 뿐이다. 당신은 피해의식으로 가득 찬 희생양이 될 것인가? 아니면 적극적으로 대항해 성공으로 가는 끈을 거머쥘 것인가? 성공은 결코 쉽게 오지 않는다. 무수한 오르막과 내리막을 지나는 기나긴 여정인 것이다.

힘들다는 이유로, 어쩔 수 없다는 이유로 희생양으로 남고 싶다는 유혹을 느낄 때가 있는가? 나만 항상 고달프다는 억울한 감정을 느끼는 것은 너무나도 자연스러운 일이다. 그러나 '희생양'이라는 덫에서 빨리 탈출하지 않는다면 당신은 영영 성공을 잡을 수 없을 것이다. 불행의 희생양이 되겠는가, 되지 않겠는가, 그 선택은 전적으로 당신에게 달려 있다. 물론 쉽지 않다는 것을 안다. 그러나 지금 이 순간의 선택이 미래의 당신을 만들어 나간다는 사실을 명심하라. 10년 후 자신의 모습은 스스로의 선택에 달려 있는 것이다. 지금 좀 힘들다고 주저앉아 한탄만 할 것인가? 아니면 포기할 수 없는 당신의 꿈을 위해 벌떡 일어나 계속 나아갈 것인가? 나는 당신의 선택을 믿는다.

어떤 상황에서도 전진하라

예기치 못한 상황에도 능동적으로 대처하고자 마음먹었다면, 그 다음부터는 무슨 일이 일어나더라도 책임을 감수하고 앞으로 나아가는 수밖에 없다. 혹시 지난 달 목표량을 채우지 못했는가? 그렇다면 당신 앞에는 두 가지 선택사항이 있다. "왜 하필 나야?" 하면서 남을 탓하거나, 당당하게 책임을 느끼고 이번 달에 두 배로 더 열심히 노력하는 것이다.

그러나 만약 당신이 "또 나야?"라는 태도로 희생양이 되기를 자처한다면, 그런 부정적인 태도와 피해의식은 우리들의 열정을 마비시켜 앞으로 나아가고자 하는 걸음을 멈추게 할 것이다. 자진해서 '희생양'이 되기로 선택하는 것은 스스로 미래를 창조할 수 있는 권리를 포기한다는 의미며, 인생이라는 운명의 힘 앞에 나약하게 지는 꼴이 되고 만다. 많은 사람들이 이런 선택을 하고 말지만, 누구나 이 한계를 뛰어넘을 수 있다. "어디 누가 이기나 해보자! 나는 절대 희생양 같은 것은 되지 않아!"라고 소리 내서 크게 외쳐보라. 가슴 깊숙한 곳에서 뜨거운 무언가가 뭉클 솟아오르는 것을 느낄 수 있을 것이다.

모 든 불 행 이 모 두 우 리 탓 은 아 니 다

프로 골프선수들을 상담하는 스포츠 심리학자로 유명한 데이비드 쿡*David Cook*에 의하면, 골프경기 중에 적어도 세 번 정도는 어이 없고 황당한 일이 일어난다고 한다. 단 한 번의 샷으로 300야드나 공을 날려 페어웨이에 올리지만 공교롭게도 공이 디봇(divot : 스윙시 클럽 헤드에 맞아 파여진 잔디의 파편 또는 자국)에 떨어져 방향을 이탈하는 경우, 그린을 향해 안정된 샷을 날렸는데 갑자기 바람이 불어 공이 벙커(bunker : 흙이나 모래 구덩이)로 떨어져 힘들게 공을 꺼내야 하는 경우, 홀 가까이에서 완벽하게 퍼팅했지만 그린의 울

통불통함 때문에 엉뚱한 방향으로 공이 굴러가는 경우는 선수의 실력으로도 어쩔 수 없다고 한다. 그럴 때 '오늘 운수 정말 안 좋네'라며 불평을 하거나 그런 그린의 상태를 만든 남의 탓을 할 수도 있다. 그러나 꼭 내 잘못이 아니더라도 나쁜 일은 언제나 생길 수 있다는 것을 순순히 받아들이고 그 이후의 대처방안을 고민하는 게 더 현명하다.

골프든 인생이든 불쑥불쑥 찾아오는 불운이 꼭 우리의 책임은 아니다. 그러나 내탓으로 돌릴 수 없는 일이라도 실제 내 앞에 닥친다면 그 다음에 어떻게 할 것인지 선택하는 일은 우리에게 달렸다. 상황을 탓하고 남을 원망하면서 피해의식에 시달리든지, 이미 벌어진 상황을 있는 그대로 인식하고 긍정적인 해결책을 찾아나가든지 둘 중 하나를 선택해야만 한다. 그러나 대부분의 사람들은 너무나 자주 자신을 '희생양'으로 치부해버린다. 명심하라. 이 작은 선택의 차이가 성공하는 사람과 실패하는 사람을 판가름한다는 것을.

성공으로 향하는 선택

부담감에 어깨가 너무 무겁다고? 그럴 필요 없다! 희생양이 되지 않고, 성공에 이르는 여정을 다시 시작하겠다는 선택은 전혀 어렵지 않으니까. 하늘이 무너져도 솟아날 구멍은 있다고, 대안은 언제나 셀 수 없을 정도로 다양하다. 마음가짐만 바꾸면 대안을 찾는 것은 전혀 어려운 일이 아니다.

이제는 고인이 된 IBM의 창업자 토마스 왓슨*Thomas Watson*은 아주 유능한 경영자로서 회사가 위기에 봉착했을 때마다 '다섯 번 쓰러지면 여섯 번 일어난다'는 놀라운 리더십을 보여줬다. 그런 그가 절대 용인할 수 없었던 것은 아무 일 하지 않고 주저앉아 포기하는 일이었다고 한다. "만약 지금 문제를 잘못 해결하면, 그 결과가 반드시 부메랑이 되어 우리의 뒤통수를 칠 것이다. 사람들은 그 다음에야 정신이 번쩍 나서 제대로 해결하려고 노력한다. 따뜻한 물속에 시체처럼 가만히 누워 아무런 행동도 취하지 않고 있으면 물론 편할 것이다. 그러나 이런 도피적인 태도는 경영자에게 몰락을 가져다줄 뿐이다."라고 그는 말했다.

　가정생활이든 직장생활이든 문제가 있으면 당연히 해결책
도 있게 마련이다. 두 눈 크게 뜨고 방법을 찾고자 한다면 당
연히 발견할 수 있다. 그러나 '희생양'의 덫에 걸려 당장의
고통에서 도망가고 싶다면, 저 앞에서 당신을 기다리고 있었
던 성공은 결코 당신의 것이 될 수 없다. 과거가 당신의 미래
를 망치게 해서는 안 된다.

 ## 희생양의 덫에 걸리지 않기 위한 3가지 조언

1. 예기치 않은 불행에 미리 대비하라. 당신이 해결할 수 없는 일도 있다. 그러나 그 일에 어떻게 대응할 것인가는 당신 손에 달려 있다.

2. 대안을 찾아본다. 긍정적인 마음을 가지고 둘러보면 대안은 항상 눈에 띄게 마련이다. 자기연민에 빠지면 사태를 해결할 수 있는 방법은 점점 사라진다.

3. 당신의 시간과 에너지는 해결책을 찾으라고 있는 것이지, 변명거리를 찾으라고 있는 게 아니다. 어떤 일이 벌어지든 걸음을 멈추지 말라. 남들보다 한 박자 더 부지런히 움직여 목표를 향해 행진을 계속하자.

"어떤 상황에서도 최선의 방식을 찾아내는 사람에게는 불행도 곧 행운이 된다."
존 우든*John Wooden*, 미국의 전설적인 농구코치이자 《민첩하게, 그러나 서둘지는 마!》의 저자

2. 헌 신 의 선 택

성 공 하 고 싶 은 가 ? 그 렇 다 면 열 심 히 !

"일과 헌신, 즐거움이 하나가 되고, 가슴 속 깊은 곳의 열정을 되살렸을
때 이 세상에 불가능이란 없다."
미상

아마 모든 사람들이 이런 경험을 한 번쯤은 해봤을 것이다.
어느 날 평소에 잘 입던 셔츠가 작아진 듯해 아무 생각 없이

몸무게를 재보았는데, 세상에, 몸무게의 앞자리 숫자가 바뀔 만큼 살이 쪄 있다. 당장 살을 빼야겠다고 결심하고서는 평소에는 잘 안 하던 운동에 눈을 돌린다. 그래도 혼자서 시작하기에는 막막하니까 헬스클럽에 등록해 체계적인 운동 프로그램을 따라하기로 결정한다.

등록할 때까지는 자신이 넘친다. 단시간에, 그것도 쉽게 살을 뺄 수 있을 것 같은 희망마저도 생긴다. 그러나 사실은 그때부터가 문제다. 프로그램에 따르면 일주일에 세 번은 유산소 운동, 두 번은 웨이트 트레이닝을 하면 된다. 일단 계획은 잘 짜여졌다는 생각에 흐뭇한 마음이 든다. 드디어 운동을 시작하는 첫날! 40분 동안 3km 조깅을 하고 그 다음 날은 상체를 위한 웨이트 트레이닝을 한다. 그날그날의 운동량을 달력에 기록하는 것도 빼먹지 않는다. 그리고 3일째 되는 날, 아무래도 회사 일이 많아 야근을 해야 할 것 같다. 저녁 늦게까지 일을 하고 나니 몸도 피곤하고 시간도 너무 늦어 하루쯤 쉬기로 결정한다. 4일째, 저녁에 동창들과 저녁모임이 있다는 것을 깜빡했다. 오늘도 역시 운동은 무리라는 생각이 들고…, 당신은 스스로를 위로하기 시작한다. "할 수 없지. 이틀 동안 못했는데, 다음 주부터 다시 시작하자."

그리고 월요일이 됐다. 그런데 같은 부서의 동료 한 사람이 다른 부서로 승진발령을 받아 떠난다고 한다. 아아, 축하 회식에 빠질 수 없을 것 같다. 그러다 어느새 눈 깜짝할 사이에 월말…! 달력을 보니 한 달 동안 운동한 날은 고작 이틀뿐이다. "세상에 시간이 어찌나 빠른지…." 새 달력을 넘기면서 당신은 씁쓸한 마음을 감출 수가 없다.

어쩌다 이런 일이 일어났을까? 몸무게를 줄이겠다는 결심이 약했던 걸까? 어쩌면 결심을 실행으로 옮기는 헌신적인 노력이 부족했던 것이 아닐까?

헌 신 과 열 정

'헌신(Commitment)' 이란 무엇인가? 헌신 또는 실천이라는 뜻을 가진 이 단어를 '목표에 도달하기 위한 노력'이라고만 설명하기엔 부족하다. 헌신은 곧 선택이고 하나의 태도다. 헌신이란 지금 내가 하는 노력이 앞으로 계속 지속되어야 할 만큼 중요한 것이라는 믿음이며, 목표를 뚜렷하게 세워 끝까지 집중하여 성공적으로 성취할 수 있는 집중력을 의미한다. 성공한 사람들을 보라. 그들은 성공하기 위해서 당연히 노력이라는 대가가 뒤따른다는 것을 알기 때문에 열정을 다해 헌신하기를 두려워하지 않는다. 성공에는 헌신이 필요하다고? 그것도 열정을 다해? 당연하다!

살이 쪘다는 사실을 발견한 순간, 당신은 더 날씬하고 가뿐한 근육질 몸매를 가진 자신의 모습을 상상했을 것이다. 그리고 하루 빨리 살을 빼 젊어진 모습으로 다른 사람들 앞에 당당하게 나서고 싶다는 꿈을 꾼다. 이렇게 멋진 모습을 상상하는 것만으로도 처음에는 충분한 동기부여가 될 것이다. 자, 그리고 그 꿈을 현실로 이룰 차례다. 이렇게 우리는 열정적으로 목표를 설정하고 그 목표에 도달하기 위한 멋진 계획표를 만들지만, 시간이 흐를수록 열기는 사그라들고 진짜로 목표를 이루는 경우는 별로 없다. 어째서일까? 처음 목표를 정하고 계획할 때 가졌던 열정과 에너지는 모두 어디로 간 것일까?

목표를 쟁취할 수 있는 기회는 늘 존재한다. 그러나 거기에 도달할 만큼 열정적으로 실천하지 않았기 때문에, 끝까지 헌신적이지 못했기 때문에 목표는 늘 꿈속에 있는 것이다.

미국의 위대한 정치가이자 과학자인 벤자민 프랭클린 *Benjamin Franklin*은 자신에게 부족한 덕목이나 고치고 싶은 습관, 더 발전시키고 싶은 점을 목록으로 만들어서 매일 얼마만큼 고치고 있는지 점수를 매겼다고 한다. 한달에 한 번, 일년에 한 번이 아니라 매일매일 자신을 평가한 것이다. 그는 항상 자신에게 다음과 같은 질문을 던졌다고 한다. "나는 오늘 내 목표에 가까이 다가갔는가? 아니면 아무런 진전이 없었는가?" 프랭클린은 자신이 설정한 목표를 이루기 위해 날마다의 발전을 냉정히 점검하는 시간을 가졌다. 매일 이런 반성을 하는 것은 결코 쉽지 않다. 그러나 그는 언제나 목표를 구체적으로 새기면서 한 발자국씩 앞으로 나아가겠다는 헌신의 선택을 한 것이다. 이것이야말로 열정적인 헌신의 산 증거가 아니겠는가!

열정적인 헌신이란 무엇인가?

1982년, 미국 최초로 NBC TV에서 철인삼종경기를 전국으로 생중계했다. 하와이의 카노 해안에서 눈부신 햇살을 받으며 수백 명의 선수들이 첫번째 관문인 수영경기를 위해

바다 속으로 뛰어들었다. 4km를 헤엄쳐온 선수들은 곧 지상으로 올라와 자전거를 타고 160km의 거리를 달렸다. 그리고 마지막으로 약 42km 마라톤 코스에 해당되는 거리를 뛰어서 결승점에 도착했다. 한 순간도 쉴 틈이 없는, 아무나 시도할 수 없는 말 그대로 철인들의 경기였다.

그 경기를 지켜보았던 많은 사람들은 23세의 줄리 모스 *Julie Moss*가 보여준 모습을 결코 잊을 수 없을 것이다. 하늘이 어둑어둑해질 무렵 그녀는 완전히 탈진해 축 처진 몸을 끌고서 경기장에 들어섰다. 결승점을 앞에 두고 쓰러지고 또 쓰러져 거의 기다시피 하면서도 그녀는 끊임없이 조금씩 앞으로 나아갔다. 철인삼종경기에 처음 출전한 그녀의 목표는 오로지 완주하는 것이었다. 당당히 결승점을 통과하고 환호하는 관중들에게 손을 흔들어주는 자신의 모습을 오래전부터 꿈꾸어왔기에, 그녀는 아무리 힘들어도 결코 포기할 수 없었다. 거의 마비된 두 다리를 질질 끌면서 기어 들어오는 그녀가 불쌍하다고 생각하는 사람도 있었을 것이다. 그러나 줄리 모스는 끝까지 완주하는 데 헌신했고, 결국 1등보다 29초 늦게 2등으로 결승점을 통과했다. 그녀는 자신의 목표를 현실로 만들었다. 그녀의 모습을 지켜본 수백만 미

국인들이 그녀의 진지하고도 열정적인 인간승리의 모습에
감동받았음은 물론이다.

줄리 모스는 목표를 위해 몸과 마음을 바치는 것 이상으
로, 열정적인 헌신이 무엇인지 뚜렷하게 보여주었다. 그렇
다면 열정적인 헌신을 선택한 사람들은 어떻게 행동하는
가? 물론 모든 사람들이 그녀처럼 사활을 걸고 노력하지는
못할 것이다. 그러나 열정적인 헌신을 하는 사람들은 자신
의 목표를 이루기 위해 큰 희생도 마다하지 않는다는 점을
기억하자. 헌신할 줄 아는 용감한 사람들에게는 다음과 같
은 특징이 있다고 한다.

1. 열정적인 헌신을 하는 사람들은 '하겠다'고 말한 것은
꼭 실천한다. **자신이 말한 것을 실천하기 위해 최선을 다하기
때문이다.** 그런 사람들은 언제든지 신뢰할 수 있다. 만약 그
들이 뭔가를 하겠다고 약속한다면 당신은 그 일이 꼭 실현
되리라고 믿어도 좋다.

2. 자신이 세운 목표를 이룰 수 있다는 강한 믿음이 있기
때문에, **결승점에 도달하는 자신의 모습을 마음속으로 똑똑히**

그려서 생각한다. 그들은 미래의 성공을 현재 속에서도 생생하게 볼 수 있는 능력이 있다.

3. 그들은 자신들의 목표를 분명하게 말로 표현한다. 그저 말로만 '하고 싶다'고 떠들기보다는, **자신의 목표를 말과 글로 표현한 후 직접 실천에 나선다.**

4. 열정적인 헌신을 하는 사람들은 **현실적이다.** 그들은 결코 현실을 과장하지도 않고 과소평가 하지도 않는다. 이런 사람이 말하는 것은 그대로 받아들여도 좋다.

5. **목표한 바를 얻기 위해 투자할 줄 안다.** 나이와 상관없이 학위를 따기 위해 학교에 다니기도 하고, 3점 슛을 넣기 위해 농구장에서 매일같이 연습하기도 한다. 또한 컴퓨터를 배우는 데 시간을 투자하거나 소설을 쓰기 위해 고민할 줄도 안다. 목표에 헌신하고자 할 때, 그들은 기꺼이 시간과 에너지를 투자한다.

6. 그들은 **잠시 실패했다고 자신을 지나치게 혹사시키지 않**는다. 대신 실패의 경험을 통해 학습하며 성공을 향한 길을

걸어간다.

7. 열정적인 헌신을 하는 사람들은 **오직 목표를 달성하기 위해 자신의 삶을 정비할 줄 안다.** 이들은 항상 목표에 집중하고 성공을 우선순위에 놓는다.

8. 그들의 대부분은 **실패라는 말을 이해하지 못한다.** 그들에게 실패는 성공에 한 발자국 더 가까워지는 것을 의미할 뿐이다.

9. 줄리 모스처럼 목표에 헌신하기로 선택한 사람들은 **주변 사람들의 인생에도 커다란 영향을 끼친다.** 그만큼 열정과 헌신은 전염성이 강하다.

당신이 가지고 있는 특징은 몇 가지나 되는가? 위의 특징 중 어느 한 가지에도 해당되지 않는 사람은 아마 없을 것이다. 당신에게서 이런 특징들을 찾아볼 수 있다면 더욱 발전시켜나가고, 부족한 점이 있다면 오늘부터 하나씩 실천하도록 노력해보자.

우리에게는 모두 꿈이 있고 목표가 있다. 그래서 더 앞으로, 더 위로, 더 멀리 나아가고 싶어 한다. 그러나 자신의 목표를 성취하는 사람과, 목표만 있고 노력해서 쟁취하지 않는 사람들 간에는 분명한 차이가 있다. 열정을 가지고 원하는 것을 얻을 만한 헌신을 다 하는가 그렇지 않은가가 다를 뿐이다. 별을 따고 싶은가? 바라만 보고 있지 말고 더 높이 올라갈 수 있는 수단과 방법을 찾아라!

헌 신 의 정 도

주변에 있는 헌신적이고 열정적인 사람 덕분에, 덩달아 그들의 태도에 감화돼 더욱 발전했던 경험이 있는가? 모두 다 열심히 하는데 나만 나태해질 수 없다는 승부근성도 생기고 말이다. 이렇게 상승작용이 일어나는 이유는 비슷한 목적과 헌신의 정도를 가진 사람들은 서로에게 용기를 북돋아주고 기운을 상승시켜주기 때문이다. 그런데 헌신과 노력에도 정도의 차이가 존재한다는 사실을 실감한 적이 있는가? 개인적인 필요와 목적에 따라서 당신은 다른 사람들보다 몇 배나 더 헌신적이고 큰 열정을 가질 수 있다.

몇 년 전, 어떤 곡예사가 나이아가라 폭포 위에 외밧줄을 걸어놓고 안전 그물망도 없이 건너가는 일에 도전했다. 바람은 곡예사의 귓전을 때리면서 무섭게 윙윙거렸고, 차가운 빗줄기는 곡예사의 얼굴을 날카롭게 후려쳤다. 그럼에도 그는 침착하게 건너편까지 무사히 도착했고 그를 지켜보던 사람들은 열광했다. 그가 너무나 기쁜 마음으로 윗옷을 벗어 빗물을 털어내고 있을 때, 열광적인 팬 한 명이 다가와서 출발했던 곳으로 다시 건너갈 수 있겠느냐고 물었다. 게다가 그 사람은 바퀴가 하나뿐인 자전거를 가져와 그에게 한번 올라가보라고 부추겼다. 세찬 바람과 쏟아지는 비를 뚫고 건너온 지 채 몇 분도 되지 않았기 때문에 곡예사는 다시 곡예를 하는 것이 불가능하다고 생각했다. 그러나 남자는 큰 소리로 외쳤다. "당신은 할 수 있어요. 나는 당신이 할 수 있다고 믿습니다."

그는 잠시 생각을 하더니 "당신은 정말 내가 할 수 있다고 믿습니까?"라고 물었다. 남자는 몹시 상기된 표정으로 대답했다. "물론 믿고 말구요. 당신은 할 수 있어요." 그러자 곡예사는 "좋습니다. 한번 해보죠."라며 확신에 찬 얼굴로 자전거를 받았다. 결과는 어땠겠는가? 당연히 그는 다시 한 번 건너는 데 성공할 수 있었고 관중들은 그의 용기에 깊은 감동을 받았다.

　물론 곡예사의 그러한 행동을 두고 팬의 청을 거절하지 못해 어쩔 수 없이 한 거라고 생각하는 사람도 있을 것이다. 남자의 부탁을 들어주지 않으면 관중들이 자신을 겁쟁이라고 여길까봐, 혹은 방금 해낸 일이 빛바랠까봐 마지못해 한 일이라고 말이다. 그러나 그의 능력을 믿어주는 팬이 없었다면 그는 외발 자전거를 타고 다시 외줄을 건너겠다는 목표를 가질 수 있었을까? 그는 자신을 바라보는 팬의 성원에 힘입어 아무도 시도하지 않은 새로운 목표를 세우고 그에 도전하여 성공할 수 있었다. 또한 두 발로 외줄을 탈 때보다 자전거를 타고 건넜을 때 밧줄 건너기에 더 열정적인 헌신을 했을 것이다. 왜 그럴까? 아무도 가보지 않았던 곳으로 가려고 할 때, 아무도 경험하지 못했던 미지의 성공을 찾을 때, 아무도 인내하려 하지 않았던 것을 인내하려고 할 때 우리는 더 큰 헌신을 할 수 있기 때문이다. 새로운 목표는 우리에게 더 큰 성취감을 맛볼 수 있게 해준다.

당신의 헌신 에너지는?

자신의 목표를 현실로 이루기 위해 기꺼이 헌신적하고 싶지만, 그럴 수 없는 상황에 있다고 생각하는가? 천만에 말씀. 대부분의 사람들은 자기 자신이 얼마나 능력이 있는지 눈치채지 못하고 있다. 겉으로 보기에는 불가능할 것 같은 목표라도 헌신하고자 선택하지 않는다면 우리는 영영 목표로 향하는 단서조차 찾을 수 없을 것이다.

새로운 목표를 세우고 노력하지만 때로 그 과정에서 좌절감과 부담감을 느낄 수도 있다. 그러한 상황을 두고 '빠져나갈 수 없는 덫에 걸린 것 같다' 고 표현하는 사람도 있다. 예전에 실패했던 경험 때문에 모든 의욕이 사라져버렸다고 하는 사람도 있다. 그러나 그러한 경험은 누구에게나 일어난다. 단지 넋 놓고 두려움 속에 빠져서 허우적댈 것이냐, 아니면 내면의 두려움을 극복해 성공을 거머쥘 것이냐의 차이만 있을 뿐이다.

두려움을 극복하라!

미국 CBS TV에서 방송되었던 '서바이버*Survivor*'라는 프로그램이 있다. 징그러운 벌레가 가득한 방에서 오래 견디기, 더러운 진흙탕에서 뒹굴기 등 보통사람으로서는 견디기 힘든 상황을 연출해놓고 누가 마지막까지 오래 참고 견디는가를 겨루는 프로그램이다. 멀쩡한 사람들을 괴롭히는 것 같아서 유쾌한 마음으로 보기 힘들 때도 있지만, 우리에게 주는 교훈이 하나 있다. 그것은 마지막까지 버텨 승자가 되려면 다른 사람이 인내하는 수준을 훨씬 뛰어 넘어야 한다는 것이다. 끝까지 살아남은 사람은 거금 1백만 달러를 손에 넣지 않는가?

개인적인 목표든 직업적인 목표든 목표에 도달하는 모든 과정은 이와 마찬가지다. 다른 사람이 할 수 없는, 혹은 꺼려하는 일에 열정을 가지고 헌신적으로 수행하는 선택을 해야 할 경우가 종종 있기 마련이다. 시간과 돈, 자기 자신 혹은 성공에 필요한 모든 것들을 투자해야 할 힘든 선택의 시간은 누구에게든 한 번쯤은 찾아온다. 그러니 무엇이든 감내할 준비를 하라. 그 고통은 쓰지만 결과는 충분히 달콤할 것이다.

 ## 헌신의 선택을 위한 3가지 조언

1. 중도에 포기하지 말 것. 당신의 목표가 헌신할 만큼 가치가 있는 것이라면, 그 어떤 헌신도 값어치가 있을 것이다.

2. 열정과 헌신을 즐거워하는 사람들과 가까이 지내라. 당신 역시 행복한 바이러스에 곧 감염될 테니!

3. 당신의 노력을 무엇에 쏟아 부을 것인지 그 대상을 분명히 하라. 당신의 목표를 글로 써보고 소망을 현실로 만들어 나가라. 누군가 "앞으로 2년 후에 이루고자 하는 것이 무엇인가?"라고 묻는다면 일말의 주저함도 없이 한 문장으로 대답할 수 있도록 명확히 하라.

"한 사람의 삶의 질과 수준은 그가 어떤 분야에 있든지 상관없이 그가 얼마만큼 헌신했느냐에 따라 달라진다."
빈스 롬바르디*Vinci Lombardi*, 미국의 전설적인 미식축구 감독

3. 가치의 선택

과거에 사로잡혀 미래를 포기하겠는가?

"어리석은 자는 친구에게서 배우지만 현명한 사람은 적들에게서 더 많은 것을 배운다."

발타사르 그라시안*Baltasar Gracian*, 스페인의 철학자이며 《세상의 지혜》의 저자

사회생활을 하면서 주변에 적이 단 한 명도 없는 사람을 본 적이 있는가? 아마 없을 것이다.

불행하게도 사람은 태어나서 성인이 될 때까지 주변에 여러 명의 적을 둘 수밖에 없는 운명이다. 아마도 적들의 수는 우리가 생각하는 것보다 훨씬 더 많을 것이다. 비록 인정하고 싶지 않다고 하더라도 말이다.

재미있는 것은 인류의 문명사회에서 '적' 이라는 단어를 사용하게 된 것은 13세기 이후부터라는 점이다. 그렇다면 그 전에는 적과 아군의 개념이 없었던 걸까? 어쨌든 사전에 의하면 '적' 이라는 단어의 정의는 다음과 같다.

1. 누군가와 상반되는 사람. 특히 남을 해하거나 좌절시키려고 하는 사람
2. 해를 끼치거나 치명적인 것
3. 적군 또는 적대적인 군대나 상대

당신이 어떤 정의에 더 공감하든, 성공하면 할수록 우리 주변에는 더 많은 적들이 많이 생겨나게 되어 있다. 도대체 왜 그런 것일까?

적, 그것은 성공의 또 다른 이름

"나에겐 꿈이 있습니다."라는 연설로 유명한 고(故) 마틴 루터 킹 주니어 목사 *Dr. Martin Luther King Jr.*는 어느 화창한 일요일 아침, '네 원수를 사랑하라'는 주제로 신도들에게 다음과 같은 설교를 했다.

"어딘가에는 당신을 싫어하는 사람이 있을 것입니다. 실제 당신이 저지른 행동 때문에 당신을 싫어하는 게 아니라, 아무 이유 없이 그냥 당신을 싫어하는 사람들이 있을지도 모릅니다. 어떤 사람은 당신의 걸음걸이를 흠잡기도 하고, 또 당신의 말투를 트집 잡기도 합니다. 자신보다 당신이 일을 더 잘하기 때문에 당신을 싫어할 수도 있습니다. 다른 사람들이 당신을 좋아하기 때문에, 당신이 인기가 있어서, 당신이 남들에게 호감을 주기 때문에 당신을 싫어합니다. 심지어는 당신의 머리카락이 자기보다 더 짧거나 길기 때문에 마음에 안 든다고 불평인 사람도 있지요. 당신이 그들에게 무슨 못된 행동을 해서가 아니라, 단지 질투라는 인간의 본성 때문에 싫어하는 사람을 만나게 됩니다."

사실 당신에게 적이 있느냐 없느냐는 중요하지 않다. 그 누구도 다른 사람을 100% 만족시킬 수는 없으니까. 남들의 사소한 요구까지 모두 들어주며 자기 자신을 변화시키는 것도 불가능하며, 그런 태도로는 결코 성공할 수 없다. 남의 기대에 부응하려 노력하지 말고 자신의 목표와 목적에만 집중하라! 설령 성공으로 가는 길에 적이 뛰어든다 하더라도 절대 당황하지 말고 그들을 환영하라. 적이란 성공의 부산물일 뿐이다! 적이 나타났다는 것은 그만큼 당신이 성공에 착착 다가가고 있다는 것을 의미한다. 사회생활에서 성공을 하면 할수록, 당신은 일터 안팎에서 비판의 대상이 되기 일쑤고 적들의 숫자도 늘어날 것이다. 링컨 대통령은 일찍이 이런 상황을 눈치 채고 인상적인 말을 남기지 않았던가? "우리는 짧은 순간 동안 모든 사람들을 만족시킬 수도 있고, 항상 소수의 사람만을 만족시킬 수도 있다. 그러나 모든 사람들을 언제나 만족시키는 것은 불가능하다."

언젠가는 꼭 성공 하기 위해서 오늘도 내일도 열심히 일하듯이, 동료와 상사, 고객으로부터 인정받고 존중받고자(심지어 사랑받고자) 하는 것은 보편적인 인간의 바람이다. 그러나 냉혹한 진실을 말하자면, 언제나 모든 사람을 만족시킬 수는 없다. 언젠가는 어느 쪽의 비난을 감수할 것인지 선택해야 할 때가 찾아오게 될 것이다.

당 신 의 가 치 를 선 택 하 라

소아과 전문의로 크게 성공한 의사가 있었다. 다른 의사들보다 6년이나 더 빨리 개인병원을 연 그는, 병원이 잘될수록 가족들과 함께할 수 있는 시간이 점점 줄어드는 것을 느꼈다. 그의 아내 역시 점점 더 힘들어하고 있었다. 네 살도 안 된 두 아이를 혼자 보살핀다는 건 얼마나 힘든 일인지! 그녀는 남편에게 같이 일할 수 있는 파트너 의사를 구해서 가족들과 함께 할 수 있는 시간을 내달라고 요청했다. 그러나 직업정신이 투철한 남편은 환자가 의사를 필요로 할 때 의무감을 느끼며 달려갈 수 있는 사람(바로 자신 같은)을 파트너로 구할 수 있을지 모르겠다며, 아내의 의견을 달가워하지 않았다.

물론 그의 환자들은 그 같은 의사를 만난 것을 행운으로 생각하고 있었다. 밤이나 낮이나 자신이 필요로 할 때마다 언제라도 달려와 보살펴주는 의사는 그리 많지 않으니까.

환자들에게 그는 최고의 의사였다. 그래서인지 그의 진료횟수는 점점 더 잦아졌고, 그가 가족들과 보낼 수 있는 시간은 일주일에 고작 몇 시간 정도로 줄어들었다. 아내는 화가 머리끝까지 치솟았다. "여보, 내가 무슨 미혼모예요? 당신은 아이들의 아빠잖아요! 왜 나 혼자만 밤낮으로 애 둘을 돌봐야 하냐고요? 환자들이 의사를 필요로 하듯이 나도 남편이 필요하단 말예요. 당신이 다른 의사를 구하지 않는다면 나도 다른 남편을 구해보겠어요!"

더 이상 물러설 수 없는 선택의 지점까지 온 의사는 결국 자신의 진료원칙에 적극 동감하는 파트너 의사를 구하기로 했다. 그리고 예상 밖으로 그런 파트너를 빨리 구할 수 있었다. 물론 몇몇 환자들은 새로운 의사가 회진을 돌기 시작하자 예전의 의사를 찾으며 불평을 하기도 했다. 그러나 분명한 것은 그 의사는 가족들과 함께 훨씬 더 행복한 시간을 보낼 수 있었다는 것이다.

소아과 의사는 자신이 가치 있다고 여겼던 것을 방해하는 적(일 또는 가족)을 스스로 선택해야만 했다. 그래서 그는 아내를 적으로 만들지 않기로 결정하고, 환자를 조금 포기한 대신 그에게 하나뿐인 가족을 선택했다. '일'과 '가족' 중에 가족이라는 가치를 더 소중하다고 생각했고 그것을 지켜낸 것이다.

가 치 와 적 의 관 계

'적'은 무엇 때문에 우리와 적이 되는 것일까? 적이 아닌 사람과 적 사이에는 어떤 차이점이 있을까? 그것을 가늠하는 기준은 바로 '가치(Value)의 차이'다. 나의 가치, 생각에 동감하는 사람은 아군일 것이고, 반대하고 비난하는 사람은 적이라고 생각해도 좋다. 그러므로 우리는 나와 가치를 공유하는 사람이 누구고, 나의 가치를 대수롭게 여기지 않는 사람은 누구인지를 빨리 알아챌 필요가 있다. 인생을 살면서 당신은 친구와 적을 신중하게 골라야 한다. 단 한 번의 잘못된 선택도 일생에 치명적일 수 있으니까 말이다.

가끔은 그 사람의 성격과 태도만 보고도 성공과 정반대의 길을 가고 있다는 것이 분명한 이들도 있다. 그들이 당신의 가치를 존중하든지 간에 이런 사람들은 조심할 필요가 있다.

1. 등 뒤에서 칼을 꽂는 사람 : 배신 하고 계속해서 남을 의
   심하는 사람
2. 걸핏하면 화를 내는 사람 : 쉽게 화를 내면서 스트레스를
   풀고 남과 화합하기 힘든 사람
3. 업무와 관련된 자리에서도 과음하는 사람 : 술만 마셨다
   하면 말과 행동에서 자제력을 잃어버리는 사람
4. 앞뒤 안 가리고 권위에 도전적하며 반항적인 사람 : 그래
   서 결국 실패하는 사람
5. 하겠다는 말만 하고 좀처럼 실천을 하지 않는 사람

내 가치와 반대되면 모두 적이라고?

목표를 이루기 위해 적이 꼭 필요하다는 것은 아니다. 다
만 당신의 적이 되고자하는 사람들이 있다는 것을 이해하라
는 뜻이다. 당신의 성공을 시기하는 사람부터 자신보다 당
신의 실적이 훨씬 더 좋다는 사실을 받아들이고 싶지 않은
사람까지, 당신과 가치관이 다른 사람들은 적이 되기를 자
처할 것이다. 또한 어느 조직에서나 논쟁거리를 찾아내고
따지기 좋아하는 사람들이 꼭 있기 마련이므로 당신이 추구

하는 가치를 절대 이해하지 못하고 당신의 적이 될 것이다. 하지만 당신이 애써 추구하는 가치를 정면으로 부인하는 사람만 아니라면 당신에게 반대한다고 해도 모두 다 적인 것만은 아니다.

원치 않게 적이 생긴다 해도, 적들이 무섭다는 이유로 당신의 가치를 희생시켜서는 안 된다. 그것이야말로 목표를 흐리게 하고 자신을 배신하는 일이다. 스스로의 가치를 끝까지 지켜가겠다는 선택을 한다면, 어쩔 수 없이 적이 나타난다는 사실을 받아들이자.

적의 존재를 인정했다면, 이제 적과 대항하는 문제가 남았다. 그들을 어떻게 해야 할까? 사회생활에 있어 적을 성공적으로 다루기 위해서는 누가 나의 적인지 정확하게 규명한 후 그들이 왜 나의 적이 되기로 선택했는지 이해하는 일이 중요하다. 만약 그들이 당신의 성공을 질시하고 위기감을 느껴서 적이 된 것이라면 어쩔 도리가 없을 것이다. 그것은 그들의 인격에 관련된 문제니까. 그러나 만약 과거에 당신의 잘못된 행동이나 말 때문에 적이 된 것이라면 상황을 만회할 수 있는 기회는 충분하다. 오해가 생겼다면 충분히 설명을 해서 다시 든든한 내 편이 되도록 설득하자.

당신은 어떤 사람들과 일하는가?

부모로서 아이들을 키울 때 가장 많이 고민하는 것은 바로 아이들의 친구관계다. 10대 때 잘못 사귄 친구 하나 때문에 평생을 두고 불행한 결과를 가져올 수 있기 때문이다. 놀라운 것은, 아이들이 어떤 친구와 어울리느냐에 신경 쓰는 것만큼, 당신이 지금 사회나 직장에서 어떤 사람과 일을 하느냐 역시 신중하게 생각해야 된다는 것이다. 서로 다른 가치를 추구하며 치열하게 살아가는 사람들 사이에서 누가 내 적인지 알아내 불필요한 상처를 받지 않는 것이 얼마나 중요한가?

이솝우화에 나오는 개구리와 생쥐 이야기가 이 질문에 대한 답을 제시해줄지도 모르겠다. 따뜻한 어느 봄날 헤엄도 칠 줄 모르는 생쥐에게 친구가 생겼으니, 그는 대부분의 시간을 물에서 보내는 개구리였다. 하루는 개구리가 짓궂은 놀이를 하나 생각해냈다. 개구리는 생쥐에게 서로의 다리 한 쪽을 끈으로 묶고 함께 놀러 다니자고 말했다. 한참을 놀던 개구리는 자기가 사는 연못을 보여주고 싶어 생쥐를 연못으로 데리고 갔다. 물가에 도착한 개구리는 아무 생각 없이 물속으로 뛰어 들었고, 다리가 묶인 불쌍한 생쥐도 물속에 들어가게 되었다. 한참을 즐겁게 개골거리며 헤엄치던 개구리가 뒤를 돌아본 순간, 허우적대던 생쥐의 몸은 이미 차갑게 식어 물위에 둥둥 떠다니고 있었다. 그때, 먹잇감을 노리던 독수리가 이 광경을 보고는 쏜살같이 내려와 죽은 생쥐를 낚아챘고, 즐겁게 놀던 개구리 역시 생쥐와 함께 독수리에게 붙들려 그의 먹이가 되고 말았다.

우화 속의 개구리와 생쥐처럼, 주변에 있는 사람을 선택하는 일은 무척 중요하다. 개구리와 생쥐는 서로에게 도움이 되지 않았을 뿐만 아니라 결과적으로 상대방을 잘못된 길로 이끌었다. 마찬가지로 당신과 가치가 맞지 않는 사람, 즉 적은 당신을 잘못된 길로 인도하거나 혹은 연못으로 끌고 갈 것이다. 만약 당신이 헤엄을 치지 못한다면? 불행은 불을 보듯 뻔하다. 당신과 으르렁대며 마주볼 사람보다는 같은 방향을 보며 서로 힘이 되어 줄 수 있는 사람을 선택하라.

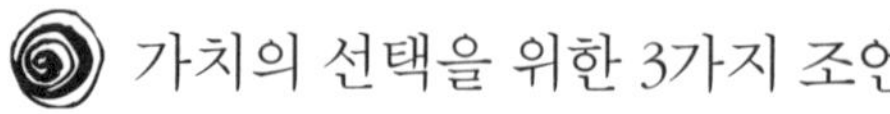

가치의 선택을 위한 3가지 조언

1. 모든 사람들을 항상 만족시킬 수는 없다는 점을 이해하고, 가치관의 차이에 따라 친구가 되기도 하고 적이 될 수도 있다는 점을 인정하라.

2. 당신의 적이 누구인지 정확하게 인지하고 그들이 왜 적이 되기를 선택했는지 이해하는 데 노력을 기울여라. 만약 과거에 당신이 저지른 잘못으로 적이 된 사람이 있다면 대화로써 오해를 풀어라. 그러나 단순히 당신의 성공을 질투하거나 가치에 동조하지 못하기 때문이라면, 개의치 말고 앞으로 나아가라.

3. 당신과 동일한 가치를 공유하는 사람들과 함께 지내면서 가치를 충실히 지켜나가라.

"한 사람을 판단할 때는 그 친구뿐만 아니라 그의 적까지 살펴보라."
조셉 콘래드_Joseph Conrad, 영국의 소설가

4. 정직의 선택

옳은 일은 언제나 옳다

"정직함은 내 자신에게 진실을 말하는 것이다. 또한 다른 사람에게 진
실을 말하는 것이다."
스펜서 존슨*Spencer Johnson*, 《누가 내 치즈를 옮겼을까》의 저자

당신이 정말로 신뢰하는 사람은 누구인가?
책 읽던 눈을 잠시 멈추고 당신이 절대적으로 믿을 수 있는

사람 다섯 명 정도를 떠올려보자. 그리고 그들의 이름을 써보자. 가족이나 친구, 직장동료 등 생각만 해도 안심이 되고 든든한 사람이 있을 것이다. 이제 그들의 이름을 보면서 스스로에게 물어보라. "이 사람들에게는 어떤 공통점이 있을까?" 아마도 정직함과 성실함, 고결함이라는 덕목을 가진 사람들일 것이다. 그들의 성품이 당신을 편안하게 만들어주고 강한 믿음을 심어주었기 때문에 당신도 그들을 좋아하고 신뢰하는 것이다.

그렇다면 이제 당신이 신뢰하지 못하는 다섯 명의 이름을 적어보라. 능력이 뛰어나거나 인기가 많을지라도 가슴 깊은 곳의 말을 하기가 꺼려지는 사람이 있을 것이다. 혹시 그들에게도 공통점이 있을까? 아마도 그들은 당신이 보기에 정직함과 성실함, 고결함이라는 덕목이 부족하다고 생각되는 사람들일 것이다.

정직함과 성실함, 신뢰는 따로 떼어서 생각할 수 없을 정도로 밀접한 연관성이 있다. 만약 누군가가 당신을 정직한 사람이라고 생각한다면 당신은 오래도록 그들의 신뢰를 얻을 수 있을 것이다. "정직한 사람은 언제나 믿을 수 있다. 지금 당장 신뢰를 받지 못한다고 하더라도, 언젠가는 시간이 그 사람을 보증해줄 것이다."라는 옛말도 있지 않은가.

많은 경우, 정직함(Integrity)은 성공과 실패를 가르는 요인이 되기도 하고, 행복과 불행을 가르는 기준이 되기도 한다. 청렴하고 정직한 선택, 즉 누가 보든 안 보든 상관치 않고 옳은 일을 하겠다는 선택은 우리가 일생을 살아가는 데 있어 개인적으로나 대외적으로나 반드시 지켜나가야 할 중요한 선택이다. 뉴스에서는 하루도 거르지 않고 거대기업과 공직자들의 부패와 부정사건이 보도되고 있다. 사소한 사기극에서부터 사람의 생명을 담보로 하는 일까지 정직함의 상실로 생기는 일들은 항상 우리를 씁쓸하게 만든다. 의료업이나 부동산, 제조업 등 모든 분야에서 '정직함과 성실함'은 주인과 종업원을 막론하고 모든 사람들의 필수 덕목인데 말이다.

이제 당신의 과거를 되돌아보자. 분명 당신에게도 절망스럽고 분노가 치밀어 오르는 순간이 있었을 것이다. 당신이 그토록 신뢰하고 믿었던 사람이 전혀 의외의 행동을 하는 것을 목격했다거나 배신한 사실을 알았을 때 어떤 기분이 들었는가? 어쩌면 그들은 동료와 상사, 당신까지도 만만하게 보고 마음껏 사람들을 속여왔을지도 모른다. 심지어 배신한 행동이 들켰을 때도 자기 잘못이 아니라고 오리발을 내밀기 일쑤다. 정직이란 남이 알아주는 것과는 아무런 관계가 없다. 아무도 눈치 채지 못하는 순간에도 꿋꿋이 올바른 일을 하는 것, 그것이 바로 정직함이다. 정직함은 사람의 근본이다. 우리가 하는 모든 행동은 우리의 정직함과 성실함을 그대로 반영하는 것이다. 그것이 개인적인 행동이든 일과 관련된 행동이든 마찬가지다.

너무나 위대한 결단, 정직

1982년 가을, 미국 시카고의 서부지역에서 일곱 명이 돌연 사망한 사고가 있었다. 특별한 원인이 없었기에 사람들은 이 미스터리 한 사건에 큰 충격을 받았다. 사망원인을 찾기 위해 사망자들을 검시한 결과, 그들은 죽기 전에 각각의 이유로 진통제 타이레놀*Tylenol*을 복용했다는 것이 밝혀졌다. 그러나 더욱 놀라운 사실은 이들이 먹었던 타이레놀 캡슐에 시안화물, 즉 청산가리 성분이 함께 섞여 있었다는 것이다.

이 어마어마한 소식은 아주 빠르게 퍼져 나갔고 미국 전

역은 공황상태에 빠져들었다. 의약품에 독극물이 섞여 있었다니 그야말로 청천벽력 같은 사고였다. 대개의 기업이라면 이런 대형사건을 축소하기에 급급하며 문제의 원인을 다른 데로 돌리거나 문제의 약품과 사망사건은 아무 연관성이 없다고 책임을 회피하는 데 사활을 걸 것이다. 그러나 문제의 타이레놀을 제조한 존슨앤존슨*Johnson&Johnson*의 자회사 맥닐 제약회사*McNeil Consumer Products*의 경영진들은 자신들의 윤리를 기꺼이 시험대에 올리는 아주 힘든 선택을 감행했다.

존슨앤존슨 사는 미국 내 타이레놀 소비자들에게 타이레놀과 관련된 모든 제품을 복용하지 말 것을 경고하고 타이레놀의 생산과 광고를 전면 중지시켰다. 게다가 소매가로 약 1억 달러에 이르는 타이레놀 3천만 병을 전량 회수하여 폐기했다. 당시 약국의 선반에 놓여 있던 수십 갑의 타이레놀 제품이 커다란 플라스틱 가방에 쓸어 담기던 장면을 기억하는 사람이 있을 것이다. 며칠 후 회사는 기존의 타이레놀 캡슐을 구매한 소비자들이 불안에 떨고 있다는 사실을 알고, 새로이 생산된 안전한 제품과 바꾸어 주면서 수백만 달러의 비용을 기꺼이 지불했다. 그동안 경찰의 수사로 생산과정에서 독극물이 함유될 확률은 전혀 없었다는 게 밝혀졌고 누군가 의도적으로 완제품에 독극물을 주입했다는 결론이 나왔다. 존슨앤존슨 사는 용의자 현상 수배금으로 10만 달러를 내걸었다. 뿐만 아니라 외부에서 절대 껍질을 벗겨 이물질을 집어넣을 수 없는 특수캡슐을 개발하여 자사뿐만 아니라 동종업체의 기업들도 그 캡슐을 이용할 수 있도록 했다.

이러한 엄청난 조치는 소비자의 안전을 최우선 가치로 꼽지 않으면 도저히 불가능한 것이었다. 일시적인 눈가림이 아닌 정직한 사후처리를 한 존슨앤존슨 사는 기업의 윤리경영이라는 시험대를 무사히 통과했으며 소비자들의 신뢰도 다시 얻게 되었다. 이들의 신속하고 올바른 조치는 당장의 손실 때문에 마땅히 해야 할 일을 기피하는 우울한 경영현실과 맞물려 더욱 주목을 받았고, 기업 윤리경영의 모범적인 사례가 되었다.

존슨앤존슨 사는 일련의 끔찍한 사건이 자사의 제품매출에 영향을 끼칠 수 있는 상황에서도 마땅히 소비자들에게 '옳은 일'을 해야 한다는 정직함을 여실히 보여주었다. 또한 엄청난 비용이 들더라도 기업의 윤리와 도덕을 지켜나가는 윤리적인 선택을 했다는 것을 대중에게 확실하게 인식시켜 주었다. 그들의 선택은 궁극적으로 자사 의약품의 안정성과 신뢰도를 다시 한 번 재고시켜 소비자의 절대적인 지지를 얻는 결과로 작용했다.

정직한 선택은 왜 중요한가?

앞에서 계속 다루었던 다른 선택들과 마찬가지로 정직의 선택은 우리의 사회적 성공과 인간관계, 삶의 질을 더욱 풍요롭게 해준다. 그러나 반대로 정직하지 못한 선택을 하면 부정적이고 불행한 후유증이 오래도록 지속된다. 주변의 많은 사례들에서도 알 수 있듯이, 개인이나 기업의 부정은 곧 몰락으로 가는 지름길이지 않은가? 정직하지 못한 선택을 하는 사람들은 반짝하는 성공을 거머쥘 수는 있겠지만 오랜 기간 동안의 진정한 성공은 결코 이루지 못한다.

또한 윤리적 선택은 생각날 때만 가끔씩, 특별한 사람들만 실천 하는 대단한 것이 아니다. 뉴욕주립대의 디자인 학부인 FIT(Fashion Institute of Technology)의 학장 피터 스코티즈

*Peter Scotese*는 정직의 선택을 이렇게 설명한다. "우리에게 90% 또는 95%의 정직이란 있을 수 없습니다. 0% 아니면 100%, 정직하거나 정직하지 않거나 둘 중 하나죠." 그는 정직한 선택이 얼마나 중요한 것인지 어려서부터 깨우칠 수 있었다고 한다. 그의 아버지는 그가 태어난 해인 1920년에 돌아가셨다고, 어머니는 그가 8살이 되자 고아들이 다니는 학교에 보냈다. 그는 설거지, 건물청소를 도우며 홀로 힘들게 생활해야 했고 공부를 하고 싶어도 교실에 빈 자리가 날 때까지 기다려야만 했다. 무사히 성인이 된 그는 제2차 세계대전 때 연합군에 지원해 복무했고 전역할 때쯤에는 여러 개의 훈장을 받았으며, 그 이후에는 섬유회사에서 경력을 쌓기 시작한다. 1969년 스프링스 사*Springs Industry, Inc*로 자리를 옮기면서 창립 이후 최초로 외부에서 초빙된 최고 경영자가 되기도 했다. 그가 최고 경영자로 있는 동안 스프링스사의 매출은 전년도와 비교해 3배, 순이익은 4배 이상 증가하였다고 한다. 1981년에는 호라티오 앨거 재단상*Horatio Alger Foundation Award*을 수상한다. 이는 정직함과 근면, 신뢰, 인내라는 덕목을 가지고 선도적이고 놀랄 만한 업적을 성취하였으며 타의 귀감이 되는 기업가에게 주는 영광스러운 상이다.

그는 수상소감에서 그의 정직함이 지금의 성공을 있게 했다고 감격스럽게 말했다. 거의 고아로 자라다시피 한 그가 밑바닥부터 정상까지 오르기 위해 얼마나 많은 노력이 필요했겠는가? 더군다나 다른 사람의 도움 없이는 절대 앞으로 나갈 수 없었을 것이다. 그가 잔꾀만 부리는 거짓된 사람이었다면 과연 누가 그를 믿어주었을까? 그에게는 정직함과 청렴함이 있었기 때문에 전 세계 모든 예비 예술가들이 선망하는 대학의 학장 자리에까지 오를 수 있었다.

정직해야지 성공할 수 있는가?

개인이 아니라 팀으로 일할 때는 구성원 간의 성실함이 성공의 최대 관건이 된다. 팀이 성공하기 위해서는 구성원 개개인이 맡은 임무를 성실하게 수행하고 헌신적으로 일을 진행시켜야 한다. 쉽고 안일하게 문제를 해결하려고 하거나, 오류를 그냥 덮어버리려고 하거나, 실행하기로 했던 일을 100% 완벽하게 마치지 못한 채 포기를 하는 일들을 미리 방지하려면 모든 팀원들이 일정한 수준의 성실성과 헌신을 갖고 있어야만 한다.

고객들의 입장에서도 회사의 정직은 중요하다. 고객이 상품을 주문하는 것은 담당사원의 성실성과 윤리성을 믿고, 회사 역시 품질 좋은 제품을 제공할 것이라고 굳게 신뢰하기 때문이다.

미국의 제이씨페니*JCPenney* 백화점 창시자이자 이제 고인이 된 J.C.페니*J.C.Penney*는 윤리경영을 적극 실천한 사람으로 유명한 경영자다. 그의 책 《9번째 강령*The Nineth De-cade*》을 보면 어렸을 적 조그만 식료품가게에서 일했던 경험이 나온다. 어느 날 그는 아버지에게 하루 동안 일했던 이야기를 하면서 식료품 가게에서 비싼 커피와 싸구려 커피를 섞어서 고급 커피처럼 팔면 더 이익이 나지 않겠느냐고 의기양양하게 물었다. 순진하기만 했던 그는 자기의 생각이 그럴듯하다고 생각하면서 좋은 생각을 뽐내고자 했던 것이다. 그러나 그 말을 들은 아버지는 정색을 하며 그런 짓은 정직하지 못한 일이라고 따끔하게 지적하고 그가 가게에서 일하는 것을 당장 그만두게 했다. 깜짝 놀란 페니는 그때부터 정직과 성실함이 얼마나 귀중한 것인지 체험하고 일생 동안 결정을 내릴 때마다 그것을 제1의 원칙으로 삼았다고 한다.

정직한 선택이란 과연 얼마만큼 중요한 것일까? 한 사람의 됨됨이를 판단하는 데 있어 그의 정직함보다 더 분명한 잣대는 절대 없을 것이다. 그만큼 정직한 선택이란 우리 인생의 모든 면에서 기본바탕이 된다. 그러나 살다보면 실제보다 과장된 약속을 한 후 실천하지 못하는 일이 발생하기도 한다. 비즈니스 업계의 성공모토 중 가장 흔한 것 하나를 꼽으라면 '무슨 수를 써서라도 성공하라!'가 아닌가. 사실 비양심적 수단을 사용해 눈부신 결과를 만들어내고 많은 이익을 창출하는 기업들이 전혀 없지는 않다. 그러나 미래에 대한 비전이 있는 리더라면 정직하고 양심적인 선택이 결여된 경영은 결코 오래 가지 못한다는 것을 잘 안다. 결국엔 사업적으로도 실패하고 고객의 신뢰는 물론 같은 업계의 동료들로부터도 경멸과 멸시를 받을 것이다. 무슨 수를 써서라도 성공하는 것은 잘못된 것이다. 특히 그 '무슨 수'에 개인이나 기업의 윤리적 선택을 희생시켜야 하는 경우가 들어간다면, 그로 인해 얻는 것은 결코 성공이라고 말할 수 없다. 잠시 동안은 성공처럼 보일지라도, 언젠가 그 썩은 부위가 푹 내려앉아 고약한 형체만 남을 뿐이다.

정 직 하 게 성 공 하 자!

정직한 선택을 하는 사람들에게는 어떤 특징이 있을까? 사소한 약속을 지키는 것에서부터 신뢰와 충성심을 유지하는 일에 이르기까지 자기가 한 말은 전적으로 신뢰를 받는 사람들. 그런 사람들의 특징은 과연 무엇인가? 다음의 내용을 곰곰이 살펴보고 하나씩 천천히 마음에 새기도록 하자.

1. 정직함을 제1의 원칙으로 삼는다. 어느 순간이라도 양심적 선택의 토대 위에서 행동하고 의사결정을 한다.
2. 타협의 여지가 없는 확고한 가치를 갖고 있으며, 선택의 순간에도 망설임 없이 원칙을 지켜나간다.
3. 어떤 상황이나 환경에서든 올바르고 윤리적인 선택을 감행한다. 숨겨진 의도가 있는 것도 아니며 정치적인 계산도, 마지못해 했다는 후회도 없다.
4. "이번은 특별한 경우니까…."라고 합리화시키면서 상황에 따라 다른 선택을 하지 않는다. 그들에게 '딱 한 번만'이라는 예외규정은 있을 수 없다. 내면에 '정직의 경계'를 분명하게 그어놓고 절대 그 선을 넘지 않는다.
5. 목표를 향한 수단보다 결과물이 더 중요하다고 생각하지

않는다. 성공하는 방식은 성공하는 일 자체만큼이나 중요하기 때문이다.

6. 자신이 내뱉은 말에 대해서 전적으로 책임을 진다. 윤리적인 선택을 하겠다는 말을 하는 순간, 모든 것이 결정된다. 또 아무리 사소한 선택이라도 그것을 위해 헌신적으로 노력한다.

정직의 선택은 우리가 할 수 있는 선택 중 가장 중요한 선택이다. 정직의 불빛을 따라가다 보면 우리의 행동뿐만 아니라 장기적인 의미에서의 진정한 성공으로 가는 길을 알게 되기 때문이다. 개인이든 기업이든, 정직함이 없는 곳에는 신뢰도 없다. 신뢰란 정직한 선택을 하면 당연히 따라오는 부산물이기 때문이다. 우리는 인생을 살면서 돈과 지식, 남들의 인정, 성공과 정직함을 쫓아 바쁘게 움직인다. 그 사이에 당신의 정직함은 반드시 시험대에 오르게 될 것이다. 물론 그 시험대란 개인과 상황에 따라 다를 것이다. 더 많이 받은 거스름돈을 짐원에게 다시 돌려줘야 할 것인지 고민하는 순간이 될 수도 있고, 한밤중에 아무도 없는 도로의 정지신호를 무시하고 차의 액셀을 밟을까 하는 유혹, 혹은 위법인줄 알면서도 경쟁사를 비난하는 마케팅 프로모션을 고민하는 순간일 수도 있다. 어떤 순간에 어떤 과제로 자신의 정직함이 시험대에 오를지는 아무도 알 수 없다. 그러나 정직한 선택을 희생시킬 만한 핑계거리는 이 세상 어디에도 없다! 사람들은 당신의 순간적인 실수를 용서하고 잊어버릴 수는 있지만, 정직하지 않은 선택은 절대 잊지 않을 것이다. 신뢰를 쌓으려면 오랜 시간이 걸리지만 그 신뢰를 잃는 것은 단 한 순간이면 충분하다는 말을 기억하라.

고통스러운 결과가 뻔히 보이더라도, 올바른 것이라고 생각되는 일을 선택하라. 당신의 정직함을 당신이 갖고 있는 것 중 가장 소중한 자산인 것처럼 지켜야 한다. 왜냐하면 당신의 정직함이야말로 실제로 당신의 영혼과 인생에서 가장 소중한 것이기 때문이다!

 ## 정직의 선택을 위한 3가지 조언

1. 정직함을 당신이 갖고 있는 자산 중 가장 소중한 것으로
여기고 지켜라. 왜냐하면 실제로 그렇기 때문이다.

2. 정직의 선택에 '예외' 란 있을 수 없다. 시간과 관련되어
서도, 사람과 관련되어서도 예외규정은 있을 수 없다. 그
것은 24시간, 365일 숨 쉴 때마다 지켜야 하는 소중한 것
이다.

3. '올바른' 일을 하라. 물론 올바른 일을 한다는 게 쉽지만
은 않고, 상황에 따라서는 아주 어려울 수도 있다. 그러나
명심하라. 옳은 일을 하는 것은 언제나 옳다.

"많은 재물보다 명예를 택할 것이요, 은이나 금보다 은총을 더욱 택할
것이니라."

잠언 22장 1절

2. 행동을 선택하라

성공을 향해 전진하라

성공을 위한 선택

"과거에 했던 행동, 현재 하는 행동, 앞으로 할 행동들이 모여 한 사람을 구성한다. 그 이상도 그 이하도 아니다."

마하트마 간디*Mahatma Gandhi*, 인도의 민족운동 지도자

5. 실행의 선택

'나중'은 잊고 '지금' 움직여라

'몸무게가 5kg만 더 빠진다면, 좀더 넓은 집으로 이사 간다면, 새로운 여자친구(남자친구)가 생긴다면, 더 많은 돈을 번다면 행복해질거야!' 누구나 한 번쯤은 언젠가…!' 라고 미래를 꿈꾸겠지만, 당신이 말하는 '언젠가'는 결코 도달할 수 없는 상상의 시간일 뿐이다. 마치 눈 앞에서 나를 유혹하는 맛있는 당근처럼! 아무리 선명하게 보인다 할지라도, 당신은 절대 이룰 수 없을 것이다! 그러니 절대 '언젠가'의 망상에 빠지지 말라!

프랭크 룬*Frank F. Lunn*

주목! 수수께끼를 하나 풀어보겠는가? 세 마리의 개구리가 연꽃잎 위에 앉아 있다. 그 중 한 마리가 펄쩍 뛰어내리려고 한다. 그럼 연꽃잎 위에는 몇 마리의 개구리가 남아 있을까?

정답은 세 마리다. 남아 있는 개구리의 수는 똑같다. 뛰어내리려고 하는 것과 실제로 뛰어내리는 것은 차원이 다르기 때문이다.

요즘에는 하루가 멀다 하고 책을 써보고 싶다는 사람들을 만난다. 그런 사람들의 말을 들어보면 아이디어도 좋고 책을 통해 다른 사람들에게 큰 감명을 주고자 하는 열망도 있다는 것을 느낄 수 있다. 그럴 때마다 나는 "멋있네요! 사람들이 당신의 이야기를 좋아할 겁니다. 어서 써보세요."라고 말한다.

그러나 책을 쓰는 일은 결코 말처럼 쉬운 일이 아니다. 시간과 헌신, 열정이 있어야 가능하며, 상당히 고독한 작업이다. 20세기의 유명한 작가인 윌리엄 포크너*William Faukner*가 말했듯이, 원고지 위에 직접 글을 새긴다는 것은 보통 이상의 인내를 필요로 하는 일이다. 그러나 책을 쓰고 싶다는 사람들 대부분이 늘 생각만 할 뿐이다. 정말로 책을 쓰는 사람은 거의 없다. 몇 페이지는커녕 단 몇 줄도 시작하지 않은 사람들이 태반이다. 머릿속으로는 언제나 그럴싸한 책을 상상하면서 책을 쓰겠다고 결의를 다지지만…, 책은 저절로 만들어지는 게 아니지 않는가? 그런 사람들은 '언젠가'라는 상상의 시간 속을 살고 있는 것이다. 그 '언젠가'의 미망 속에서 나오는 방법은 당장 책상 앞에 앉아서 손으로 펜을 잡고 뭐든지 쓰는 일뿐이다.

지난 일주일 동안의 생활을 한번 되돌아보라. 하겠다고 마음먹고 시작도 못한 일이 얼마나 많은가? 많은 사람들이 이런 일을 반복한다. 자신의 행동을 되돌아보고, 결심했던 목적을 이루지 못한 것에 대해서 자책하거나, 아예 다른 일을 시작하려고 생각해버린다. 그들은 항상 '언젠가 좋은 날이 오겠지' 하고 현재의 시간을 낭비하고 있는 것이다. 성공하고 싶은가? 그렇다면 **지금 당장 무엇이든 시작하라!** 현상 유지를 최고의 미덕이라 여기며 무사안일로 지내는 것에 만족해서는 안 된다. 그럭저럭 안락하게 지낼 순 있겠지만, 매일 반복되는 쳇바퀴 같은 일상 속에서 **당신은 절대 발전할 수 없다.** 누군가 말하길, 가벼운 가랑비라도 옷이 젖는 것은 마찬가지라고 하지 않던가? 조금씩 편안함이라는 늪으로 빠져든다면, 언젠간 머리끝까지 잠겨 흔적도 없이 사라질 것이다. 늪에 빠져서 생을 마치고 싶지 않다면 지금 당장 다리를 움직여 밖으로 걸어 나와라.

당나귀와 우물

어느 날 당나귀 한 마리가 우물에 빠졌다. 그것을 안 주인은 당나귀를 꺼내려고 온갖 수를 써보았지만 번번이 실패하고 말았다. 어쩔 수 없다고 생각한 주인은 늙고 약한 당나귀를 포기하는 것이 좋겠다고 결정하고 우물을 그냥 메워버리기로 했다. 고통 없이 빨리 생을 마감하는 것이 당나귀에게도 좋은 일이라고 생각한 것이다. 주인은 친구들에게 자초지종을 설명하고 우물을 메우는 일을 도와달라고 부탁했다. 사람들은 곧 흙을 부어댔다. 반면 우물 속의 당나귀는 심상치 않은 일이 일어나고 있다는 것을 파악하고 길길이 날뛰었다. 그러나 곧 그 울음소리도 흙더미에 묻혀 들리지 않았다. 가슴 아픈 순간이 지나고, 당나귀 주인은 우물 속을 살짝 들여다보았다. 그러나 이게 웬일? 죽었을 거라 생각했던 당나귀가 멀쩡히 살아서 기어 나오는 것이 아닌가? 그 당나귀는 농부들이 던지는 흙에 묻히지 않으려고 발버둥치면서 우물 바닥에 쌓이는 흙을 딛고 올라오고 있었다. 결국 당나귀는 안간힘을 써서 우물 밖으로 나왔고, 어디론가 자유롭게 달려 나갔다.

살다보면 가끔 우리를 뒤덮어 없애버리려고 하는 불행이 나타난다. 그럴 때는 툭툭 털고 극복할 수 있도록 새로운 일을 하자. 우물 속의 당나귀도 살아났는데 당신이라고 못할 이유가 어디 있겠는가?

최고의 자리에 오른 사람은 노력을 그치지 않는다

사람은 세 부류로 나눌 수 있다고 한다. 직접 행동해서 일을 이뤄내는 사람, 옆에 서서 그 일을 바라만 보는 사람, 무슨 일이 일어나는지 궁금해하기만 하는 사람. 눈치 챘겠지만, 성공하는 사람은 행동하는 사람이다. 그들은 원하는 것을 쟁취하기 위해 인생에 이리저리 휘둘리는 것을 단호히 거부하고 자신의 의지대로 꿋꿋이 전진한다.

‘실행(Do-something)’의 선택이 어떤 결과를 가져오는지 보여줄 수 있는 예는 너무나도 많다. 세계 정상에 올랐으면서도 쉬지 않고 연습하는 프로 운동선수들을 보자. 올림픽 금메달리스트 칼 루이스*Carl Lewis*는 세계최고기록을 세워 세상에서 가장 빠른 사나이가 되었다. 그러나 여기에 만족하지 않고 연습과 훈련을 반복했다. 마침내 그는 종전에 세운 자신의 세계 신기록을 또다시 갱신하는 성공을 거두었다. 골프의 황제 타이거 우즈*Tiger Woods*는 또 어떤가? 주니어 토너먼트를 완전히 석권하고 난 후, 다른 선수들은 다 클럽하우스에서 쉬고 있는 동안 어린 그는 그날의 우승에 만족하지 않고 필드에 남아서 샷을 연습했다. 한 번의 우승에 절대 만족할 수 없었으므로, 최고의 골프선수가 되기 위해 할 수 있는 한 최선의 노력을 하겠다고 선택한 것이다.

성공한 사람들은 자신이 이루어놓은 기록이나 업적에 절대 만족하지 않는다. 단 한 권의 책으로 유명해진 위대한 작가가 있는가? 단 한 해의 성공으로 만족하고 일선에서 물러난 정치가를 본 일이 있는가? 한 번의 승리에 만족해서 코치 일을 그만둔 감독을 본 적이 있는가?

승리는 또 다른 승리를 부른다

제록스*Xerox*에서 첫 직장생활을 시작한 나는 매년 회사에서 주는 상을 타는 것을 목표로 삼았다. 각 부서를 통틀어 최고의 사원으로 뽑힌다는 명예와 함께 호화 여행권까지 선물로 받을 수 있었다. 나는 그 상을 두 번 받을 수 있었는데, 그동안 수상자들의 80%는 그 다음해에도 또 상을 받는다는 사실을 알게 되었다. 그 사람들은 최상의 영업조건을 가진 지역을 맡게 된 운 좋은 사람들일까? 물론 그렇지 않을 것이다. 새로운 곳으로 발령을 받아도 그들은 언제나 올해의 최고의 사원상을 받고 여행을 떠났다. 한 번 성공한 사람들은 더 좋은 실적을 내기 위한 선택을 한다. 이미 최고의 자리를 차지하고 있더라도 멈추지 않는 것이다.

그 이후로 나는 '승리는 또 다른 승리를 부른다'는 법칙이 모든 비즈니스 분야에 공통적으로 적용된다는 것을 확신하게 되었다. 물론 때로는 최고가 되지 못할 수도 있을 것이다. 그러나 긴 시간을 두고 보면, 성공하는 사람은 항상 승리하는 데 필요한 것들을 선택하고 실행해나간다는 것을 알 수 있다. 단 한 번의 성공이 주는 달콤함에 안주해서는 더 이상 아무것도 얻을 수 없다. 살아 있으면 계속 움직여라!

실천하는 데는 용기가 필요하다

혹시 당신은 이미 게임에서 승자가 되었다고 생각하는가? 특별히 더 노력해야 할 필요를 느끼지 못하는가? 그렇다면 당신 자신에게 도전하라! 지금 거머쥔 성공에 만족하면서 스스로 만든 환상에 빠져 있지 말라.

그러나 실천 앞에는 언제나 '두려움'이라는 거대한 산이 놓여 있다. 누구에게나 마찬가지다. 그러나 성공하는 사람은 아무리 깊고 막막한 두려움을 느끼고 있을 때라도 용기 있게 '두려움'이라는 산을 넘어 보이겠다는 선택을 한다. 그것이 바로 성공과 실패를 가르는 결정적인 차이인 것이다. 문학작품들을 보면, '사랑'이라는 주제 다음으로 많이 다루어진 게 '용기'란 주제가 아닐까 싶다. 소설 속 영웅뿐만 아니라, 이 세상 모든 사람들에게는 '용기'를 갖고 싶어 하는 열망이 있다. 하버드대학의 어느 교수가 이렇게 고백했다. "내게 한 가지 소원이 있다면, 무엇도 두려워하지 않는 마음을 갖는 것이다. 또한 두려운 감정을 느낀다는 것을 수치스러워 하지 않았으면 좋겠다."

　당연한 말이지만, 누구에게나 두려움은 있다. 세차장에서 아르바이트를 하는 남학생부터 거대기업을 이끌어가는 거물급 인사에 이르기까지, 인간은 전에 겪어보지 못한 미지의 상황에 두려움을 느낀다. 또한 실패하는 것도 두려워한다. 그렇게 우리가 두려워하는 것들은 점점 더 늘어만 간다. 그러나 뭔가를 실행하고, 주저하지 않고 계속 앞으로 나아가겠다는 선택을 한다면 놀랍게도 두려움은 점점 줄어든다. 무엇인가 새로 시작하기 전에는 두려운 마음이 점점 커지지만 막상 행동을 시작하면 내가 왜 그랬었나 하는 생각이 들 때가 있지 않았는가? 새롭게 얻은 자신감이 두려운 마음을 누르면서 앞으로 나아가도록 도와주는 것이다. 당신에게 두려움을 주는 것이 있다면 직접 공략하라. 결국엔 사라지게 되어 있다. 인간이 저지를 수 있는 가장 커다란 실수 중 하나는 '실수할지도 모른다는 두려움'에 빠지는 것이다. 두려움을 극복하고 싶은가? 그렇다면 두려운 마음이 드는 것은 당연하다고 생각하고, 계속 앞으로 나아가겠다는 선택을 하라.

역사적으로도 온갖 역경을 극복하고 살아남은 생존자들이야말로 쉬지 않고 전진한 사람들이다. 갑작스런 비행기 사고로 눈 덮인 협곡에 떨어져 몇 주 동안 생사의 갈림길에서 헤매다 극적으로 살아남은 사람들부터, 등산을 하던 중 갑자기 떨어진 400kg 가량의 돌에 5일 동안 깔려 있다가 자신의 한쪽 팔을 휴대용 칼로 자르고 살아남을 수 있었던 아론 랠스톤*Aron Ralston*에 이르기까지 그런 사람들의 예는 생각보다 많다. 아무 것도 하지 않는다는 것은 죽음을 의미한다. 랄스톤은 삶에 대한 엄청난 의지로 바위에서 빠져나와 상처를 부여잡고 약 8km를 걷다가 다른 등산객들에게 발견되어 구조되었다고 한다. 그는 구조된 다음 이렇게 말했다. "그냥 누워서 죽음을 기다리는 것을 택할 수는 없었습니다."

저 모퉁이만 돌면 성공이 기다리고 있다!

저기 보이는 고지만 넘으면 바로 성공이 기다리고 있는데도 너무나도 쉽게, 빨리 포기하는 사람들이 있다. 성공하는 사람들은 설령 실수를 저지르고 두려움에 차 있다 하더라도 결코 멈추지 않는다. 그러나 실패하는 사람들은 성공을 눈앞에 두고도 두 손 들고 투항해버린다.

성공 앞에서 쉽게 포기하는 사람에 관한 이야기를 하나 소개하려고 한다. 부와 명예를 원하던 한 남자가 길을 가다 신선을 만났다. 그 남자는 신선에게 "어느 길로 가야 성공할 수 있습니까?"라고 물었다. 수염자락을 날리던 신선은 말없이 한쪽을 가리켰다. 방향을 확인하자마자 그는 힘들이지 않고 금방 성공을 얻을 수 있다는 생각에 그 길로 정신없이 달려갔다. 그러나 남자는 막다른 벽에 꽝 부딪치고 말았다. 당황스런 마음에 절뚝거리며 돌아온 그는 다시 신선에게 찾아가서 물었다. 신선은 이번에도 아무 말 없이 같은 방향을 가리켰다. 그는 순순히 그쪽으로 달려갔지만 이번에도 역시 막다른 벽에 부딪쳤다. 상처투성이가 된 남자는 신선에게 돌아와 길길이 화를 내며 따졌다. "성공에 이르는 길이라고 해서 가르쳐준 대로 갔는데 막다른 골목에 계속 부딪쳤잖아요! 설명을 해보세요!" 그러자 신선이 말했다. "성공은 바로 그 길이네. 조금만 더 부딪치면 될 걸세."

과연 얼마나 많은 사람들이 막다른 벽을 넘어설 만큼 강인하게 인내하고 노력하는가?

변화를 위한 한 걸음 1 :
독서의 힘

나의 현명한 조언자이자 절친한 친구는 이렇게 말했다.
"5년 후 당신의 모습은 지금 어떤 사람을 만나고, 어떤 책을
읽느냐에 따라 달라질 것이다."

생각해보자. 5년 후 당신의 모습은 지금과는 완전히 다를
수도 있고, 어쩌면 현재의 모습과 똑같을 수도 있다. 자, 당
신은 어떤 쪽을 선택하겠는가?

우연의 일치라고 생각할 수도 있겠지만, 대부분 집이 크
면 클수록 그 집에 딸린 서재도 크다는 것을 아는가? 어떤
일이든 자신의 분야에서 성공하려면 지식과 정보를 쌓는 일
을 게을리 해서는 절대 안 된다. 기업의 최고 경영자들은 적
어도 한달에 10권 이상의 책을 읽는다. 반면 그 밑에서 보통
의 일을 하는 직월들 중에는 평생 동안 10권도 읽을까 말까
할 사람도 있을 것이다. 독서를 많이 할수록 성공할 수 있는
확률은 훨씬 더 커진다. 앞으로 다른 사람의 집을 방문할 때
는 그 집 거실 탁자 위에 어떤 책이 놓여 있는지, 책장에는
어느 정도의 책이 꽂혀 있는지 살펴보라. 책장에 꽂혀 있는

책으로 그 사람의 됨됨이와 인생철학이 무엇인지 알 수 있을 것이다.

독서는 절대 어려운 일이 아니다. 당신에게 가르침을 주거나 흥미 있는 주제에 대해 정보를 주는 책들은 언제라도 쉽고 간편하게 얻을 수 있다. 알버트 아인슈타인*Albert Einstein*과 탁자에 앉아 진지한 대화를 나누고 싶은가? 그렇다면 그가 쓴 수필집을 읽어보라. 윈스턴 처칠*Winstern Churchill*의 인생경험을 듣고 싶은가? 그를 다룬 수백 가지 종류의 책을 읽어본다면 당신이 궁금해했던 것을 알 수 있을 것이다. 로널드 레이건*Ronald Reagan* 대통령이 소련의 고르바초프*Gorbachev*에게 "이 냉전의 장벽을 걷어 냅시다!" 라고 말했을 때 어떤 기분이었는지 알고 싶은가? 그의 회고록을 펼치기만 하면 된다. 경영과 리더십에 대해 궁금한 것이 있다면 피터 드러커*Peter Drucker*의 무수한 강연집 중 하나를 고르면 될 것이다. 또한 완벽한 사상가가 되고 싶다면 당신의 종교와 상관없이 성경을 읽어보라.

우리가 일생 동안 만날 수 있는 사람들은 한정되어 있다. 그래서 더욱 안타까운 사실은, 한 수 배울 만한 위대한 사람들은 이미 세상을 떠났거나 가까이에서 만날 수 없는 경우가 대부분이라는 것이다. 그러나 한계가 있다고 배움을 포기할 수는 없지 않은가? 위대한 사람들에게 지식을 구하고 지금보다 발전된 당신을 꿈꾸어라. 손만 뻗으면 닿을 수 있는 책 속에 무궁무진한 정보들이 당신을 기다리고 있으니!

<u>지식이 얕으면 성공은 없다</u>

그렇다면 독서는 어디서부터 시작해야 하는가? 어디에서 시작하든지 무조건 좋다! 인류의 보물인 고전작품부터 시작해도 좋고 독서의 즐거움을 만끽할 수 있는 가볍고 즐거운 책도 좋다.

성공한 사업가이자 내 멘토 중 한 명인 마크는 오랫동안 회사의 인사과에서 대학을 갓 졸업한 인재들을 뽑는 일을 해왔다. 그는 우연한 기회에 입사사원들 가운데 회사에서 큰 성과를 거두고 성공한 사람과 그렇지 못한 사람의 차이점을 연구해 보았는데, 실패하는 사람들에게는 모두 공통점이 있다는 것을 발견했다. 즉 실패하는 사원들은 대학을 졸업하고 학위를 따고 나면 더 이상 새로운 정보를 얻거나 지식을 얻는 데 관심이 없었다는 것이다. 그들은 졸업과 동시에 배우는 일을 완전히 잊어버리고 자신에게 전혀 투자하지 않았다. 그러나 성공한 사람들은 매일 조금씩 시간을 내 꾸준히 새로운 것을 배워나갔다. 어느 정도 경력이 쌓이더라도 그들은 결코 자만하지 않고 배우고 개선해나가는 것을 결코 멈추지 않았던 것이다.

배우면 배울수록 돈도 더 많이 벌게 된다. 놀랍지 않은가? 모든 선택은 당신에게 달려 있다. 하루라도 책을 읽지 않고 잠자리에 들 생각은 마라. 오늘 읽은 한 권의 책이 당신의 인생을 바꾸어 놓을 것이다.

변 화 를 위 한 한 걸 음 2 :
커 뮤 니 케 이 션 능 력

당신이 어느 분야에 있든 성공하기 위해서는 전달하고자 하는 메시지를 정확하게 전달할 수 있는 능력을 키워야 한다. 사람들은 당신의 말솜씨, 글솜씨, 듣는 자세 등을 보고 당신을 판단한다. 말 한마디나 직접 쓴 문장 하나, 다른 사람의 말을 경청하는 태도 등은 모두 성공에 대한 당신의 열정과 헌신을 표현해준다.

그 중에서도 풍부한 표현력과 어휘력은 말하는 사람의 지적능력을 가늠하게 해주는 중요한 요소다. 단, 보통 사람들은 30세까지만 새로운 어휘를 습득하지만 그 이후에는 더 많이 배우지 못한다고 한다. 그러므로 현재 알고 있는 어휘 중에 적합한 것을 골라 의미를 전달하는 '말하는 능력'이 성공에 큰 영향을 미칠 것이다. 한두 사람에서 다수의 사람들까지 남들 앞에서 자신의 의사를 정확하고 명쾌하게 표현하는 능력은 어떤 분야든 승진을 위해 반드시 필요한 요소다. 당신의 메시지를 얼마만큼 분명하게 전달하는가에 따라 당신에 대한 평가가 달라지니까 말이다. "자기 자신에 대해 간단하게 소개해보세요."처럼 짧게 말해야 하는 경우도 있고, "당신 팀의 예산이 더 증가해야 하는 이유를 설명해보세요."같이 일목요연하게 주장을 펼쳐야 할 경우도 있을 것이다. 성공한 사람들은 분명하고 정확하게 자신의 의사를 전달하는 능력을 개선하고 발전시키는 데 많은 시간과 에너지를 투자한다.

말하는 능력 이외에 성공에 필요한 또 하나의 것은 분명하고 간결하게 '글 쓰는 능력'이다. 당신이 없는 자리에서

도 사람들은 당신이 쓴 글의 내용과 형식으로 알게 모르게
당신을 평가한다. 메모, 이메일, 보고서, 서류 등은 당신이
어떤 사람인지를 보여주는 극명한 단서가 될 것이다. 세번
째 커뮤니케이션 능력은 바로 '남의 말을 들어주는 태도'
다. 많은 연구와 조사가 보여주듯이 사람들 사이에서 일어
나는 오해는 대부분 상대방의 말을 잘 귀담아 듣지 않기 때
문이다.

그렇다면 커뮤니케이션 능력을 개선시키기 위해서 우리가
할 수 있는 일은 무엇일까? 여러 가지 대안이 있으므로 너무
걱정하지 말라. 사실 별로 어렵지도 않다. 요즘에는 온라인
으로 이런 기술을 배울 수 있는 곳이 많아졌고 지역사회의
문화센터나 대학에 개설된 야간과정도 유용하다. 또 효율적
인 글쓰기에 관한 책들도 쉽게 찾을 수 있다. 그러므로 당신
의 라이프 스타일에 적합한 방법을 찾을 수 있을 것이다. 무
엇보다 커뮤니케이션 능력의 중요성을 아는 게 핵심이다. 사
소한 것이라도 좋으니 능력을 키울 수 있는 방법을 찾아 실
행하길 바란다.

변화를 위한 한 걸음 3 :
자신감 넘치는 외모

누구나 어렵지 않게 '실천'할 수 있는 선택 중 하나는 바로 남들에게 성공한 사람처럼 보이도록 노력하는 것이다. 성공하고 싶은가? 그렇다면 지금부터 성공한 사람처럼 보이도록 하라!

얼굴표정과 옷차림만으로도 남들에게 깊은 인상을 남길 수 있다. 시각의 효과는 강력하다. 내 말을 믿어라! 솔직히 말해 비싼 옷이 좋긴 하겠지만 그만한 돈이 없다면 당신이 살 수 있는 한도 내에서 가장 좋은 옷을 사라. 옷차림 또한 성공하기 위한 하나의 투자라고 생각하자. 경쟁적인 상황이라면 건강하고 행복하고 에너지가 넘쳐 보이는 사람들이 승진의 기회를 얻을 확률이 훨씬 높다. 긍정적인 이미지를 가진 사람과 함께 있으면 누구나 저절로 기분이 좋아진다. 물론 아르마니*Armani*나 샤넬*Chanel* 같은 고급 브랜드의 옷을 걸칠 필요는 없지만, 당신의 몸과 마음, 정신, 지적인 부분에 이르기까지 당신의 모든 부분에 정성을 들이는 것이 좋다. 구두는 반짝이도록 닦아놓고, 내일 입을 셔츠는 반듯하게 다려놓자. 당신의 성공가도에 분명 도움이 될 것이다.

주변을 한번 둘러보자. 직장이나 가족, 친척 중에서 당신이 부러워하고 존경할 만한 사람들은 대개 남들의 부러움과 존경을 받을 만한 행동을 하고, 또 '그렇게 보일' 것이다. 그러니 성공한 사람처럼 보이도록 실천하라. 만약 스스로 별다른 매력이 없는 사람이라고 느낀다면 변신을 하라! 지금보다 한 사이즈 작은 옷을 입고 싶다면, 몸무게를 줄여야겠다는 선택을 하고 운동을 하자. 스트레스 때문에 에너지가 소진되는 듯한 느낌인가? 그렇다면 출근 전 간단한 산책을 해보라. 가벼운 운동으로도 삶의 에너지가 충전되는 듯한 느낌을 받을 것이다. 얼마나 놀라운 일인가? 그러니 실행하겠다는 선택을 하라. 바로 당신 자신을 위해!

지금과는 다른 것을 실행하라!

결과적으로 현재 당신의 상태를 변화시킬 수 있는 일을 실행하라. 지금 하고 있지 않는 것을 말이다. 요즘에 일어나고 있는 상황이 마음에 들지 않는가? 그렇다면 그와 관련된 색다른 일을 해보라.

더 나은 내일을 원하는가? 그렇다면 오늘 한 일과 다른 일을 해보라. 그래야 오늘 당신의 마음속에 있는 미래가 머잖아 당신의 현실이 될 수 있다. 인생을 바꾸는 것은 단지 마음을 고쳐먹는 것만큼이나 간단한 일일 수도 있다. 단 무엇이든 지금 당장 실행하겠다는 선택을 해야 한다면 말이다. 오늘 당신은 행복하지 않은가? 불평하고 한탄할 시간이 있다면 그 시간에 행복한 내일을 만들 수 있는 다른 것을 실천하라.

새로운 선택을 할 때 가장 염두에 둬야 할 점은, 성공한 사람들은 무엇을 하는지, 나와 무엇이 다른지 아는 것이다. 성공을 거둔 사람들에게 눈을 떼지 말라. 과연 성공한 사람들이 '실천' 하겠다고 선택하는 것들의 공통점은 무엇일까? 당신이 성공하기 위해 해야 할 선택이나 그들이 먼저 선택한 것이나 결국엔 똑같다는 사실을 깨달을 것이다.

'언젠가'라는 허상 속에 머물지 말고 당신을 위해 직접 실행하고 실천하라. 바로 지금부터!

 ## 실행의 선택을 위한 3가지 조언

1. 바라는 것이 있는가? 그렇다면 생각보다 실행에 더 많은 시간을 투자하라. 자신의 의지로 실행하고 행동하고 움직이는 사람들은 인생에 이리저리 휘둘리는 사람보다 훨씬 더 많은 것을 얻는다.

2. 성공한 사람들을 관찰하라. 그들이 성공의 단계에 오르기까지 자신의 발전을 위해 무엇을 선택했었는지 살펴보고 배우자.

3. 평생 동안 새로운 것을 배우겠다는 마음으로 항상 독서하라. 성공한 사람과 보통 사람과의 차이점은 끊임없이 학습하고 배운다는 데 있다.

"위대한 성공을 거둔 사람들은 몸으로 행동한다. 그러나 위대할 정도로 평범한 사람들은 입으로 말만 할 뿐이다."
브라이언 트레이시*Brian Tracy*, 《Time Power》, 《백만불짜리 습관》의 저자

6. 인내의 선택

실패에서 배운다

"실패하는 사람들의 상당수는 성공이 얼마나 가까이 있는지 깨닫지 못
하고 도중에 포기한 사람들이다."
토마스 에디슨*Thomas Edison*, 미국의 발명왕

성공한 사업가에게 상을 수여하는 자리에서 사회자가 수상
자를 이렇게 소개한 적이 있었다. "지금 소개해드릴 분은 이

자리에 서기 위해 수많은 낮과 밤을 인내해왔습니다." 수상자의 업적도 물론 감명 깊었지만, 성공하기까지 그의 노력을 강조한 사회자도 무척 현명하다는 생각이 들었다. 그렇다. 하루아침에 뚝딱 성공을 이룰 수는 없다. 성공은 하룻밤에 얻어지는 게 결코 아니니까. 그것은 고통과 시련을 참고 견디며 실패로부터 배워나간 인내에 대한 보상이다.

기원전 6세기경의 고대 그리스인들은 평범한 사람을 영웅으로 만들 수 있는 덕목들을 이미 간파했다고 한다. 멀리 내다보고 성공을 이루는 데 생명과도 같은 중요한 덕목이 있었으니, 바로 그것은 '인내, 끈기'였다. 이솝우화 중에서도 가장 인기 있는 '거북이와 토끼' 이야기를 생각해보라. 물론 속도에 있어서 토끼가 거북이보다 훨씬 더 재능이 있다는 것은 누구도 부정할 수 없다. 그러나 재능만을 믿고 자만심에 빠져 낮잠을 자버린 토끼와, 쉬지 않고 계속 조금씩 기어가는 거북이, 둘 중 누가 먼저 결승점을 지났는지 알고 있지 않는가? 누가 보아도 그 경주의 승자는 뻔했지만 토끼는 성공에 필요한 인내심이 부족했기에 실패했다.

뛰어난 재능과 능력을 가지고 있지만 어느 것 하나 제대로 이루지 못하고 비참한 인생을 사는 사람들이 우리 주위에도 얼마나 많은가? 그저 평범한 사람들도 성공을 거두고 있는데 말이다. 무슨 문제가 있었을까? 단지 성공할 때까지 '인내(Persistence)'를 선택했느냐 그렇지 못했느냐가 다를 뿐이다. 인내의 선택은 우리의 목표와 그곳까지 도달할 수 있는 길을 제시해준다. 인내는 도중에 나타난 장애물을 건너고 또 건너며, 운명을 조롱하는 횡포에도 굴하지 않고 성공을 향한 여정을 무사히 끝낼 수 있도록 하는 원동력이다. 성공을 가장 간절하게 원하는 사람, 과거의 실패를 툭툭 털고 다시 일어서는 사람만이 성공을 이뤄낼 수 있다. 길의 한 가운데서 포기하는 사람은 완주의 행복감을 결코 상상할 수 없을 것이다.

분명 실패란 하나의 선택사항이다

마틴 루터 킹 주니어 목사는 인생의 여러 가지 장애물을 극복하고 나서 이렇게 말했다. "한 사람을 평가하는 척도는 편안한 순간에 그가 어디에 있었느냐가 아니라, 고난과 역경의 순간에 어디에 있었는가와 관련 있다."

우리 사회는 '실패'를 써서는 안 되는 단어로 인식하고 있다. 개인적으로든 사회적으로든 실패는 피해야 할 그 무엇이 된 것이다. 그래서 우리는 실패라는 단어를 좀처럼 입에 올리지도 않으며 심지어는 생각조차 하기 싫어한다. 이는 교육에도 영향을 미쳐, 아이들은 어려서부터 실패란 절대 용납할 수 없는 것이라고 알고 있다. 실패가 너무 두려운 나머지 새로운 운동을 배우거나 새로운 도전거리를 감수해보려고도 하지 않는 아이들도 있다. 왜냐하면 아이들이 생각하기에 실패란 한 번 저지르면 절대 고칠 수 없고 좌절만 주는 것이기 때문이다.

최근 어떤 기업의 회의 시간에 참석할 기회가 있었는데, CEO가 직원들에게 이렇게 말하는 걸 들었다. 그는 영화 '아폴로 13 *Apollo 13*'의 몇 장면을 보여주면서 영화에 나오는 명대사인 '실패란 선택사항이 아니다(Failure is not an option)'를 인용하며 올해도 최고의 판매기록을 세우는 한 해가 되자고 힘주어 말했다. 그것이 정말 최선의 방법일까? 실패하지도 않고 성공을 한 번에 이뤄내자고 하다니, 그 CEO의 머릿속에 무엇이 들었는지 궁금할 뿐이다.

오늘날 성공한 사람들 대부분은 실패를 딛고 인내한 사람들이다. 그것도 한 번의 실패를 이겨낸 것이 아니라 수없이 많은 실패를 인내하면서 그만큼 많은 것을 배웠고 결국엔 성공에 이르는 길을 발견했다. 단연코 말하건대, 성공은 실패를 겪는 와중에 오는 것이다.

끝 까 지 포 기 하 지 않 고

1968년 3M 사의 연구원인 스펜서 실버*Spencer Silver* 박사는 새로운 종류의 접착제를 개발해냈다. 그 접착제는 직경이 종이섬유만한 조그만 방울들로 이루어진 것으로, 종전의 것과는 개념 자체가 달랐다. 그 조그만 구체들은 쉽게 녹지도 분해되지도 않았지만, 딱 들러붙지 않는다는 게 치명적인 결점이었다. 실버 박사는 접착력을 강화시키려고 몇 차례 노력해보았지만 별다른 소득이 없었다. 그러자 실버 박사는 그 접착제를 포기해버렸다. 몇 년이 지난 1974년. 3M의 또 다른 연구원이었던 아트 프라이*Art Fry*가 일요일 아침 교회에서 찬송가를 부르고 있을 때였다. 그는 노래를 부르는 도중 찬송가집에 꽂아둔 책갈피가 자꾸 떨어져 머리끝까지 짜증이 났다. 순간, 좋은 아이디어가 떠오른 그는 연구실로 돌아와 실버가 만들다 '실패한' 접착제를 찾아냈다. 그리고 종이의 가장자리에 그 접착제를 바르고 다른 종이를 붙여보았더니, 어느 정도 제자리에 붙어 있다가 떼어 낼 때도 기존의 종이에 손상을 주지 않고 쉽게 떨어진다는 사실을 발견해냈다.

하지만 경영진들이 프라이의 아이디어가 상품성이 있다고 확신하기까지는 4년의 시간이 소요되었다. 프라이는 끝까지 포기하지 않고 비서실에서 일하는 직원들에게 자기의 제품을 시험 삼아 써보게 했다. 비서실 사람들은 접착제가 발라진 책갈피용 종이를 '찍찍이 메모'라고 부르며 애용했고, 이 제품의 엄청난 잠재수요를 발견한 3M은 비로소 전국적인 마케팅을 시작했다. 3M이 내놓은 포스트잇*Post-It* 메모지는 결국 미국에서 제일 잘나가는 사무용 제품 5위 안에 들게 됐다.

지금은 주변에서 흔하게 보는 이 포스트잇 메모지처럼, 혁명적인 제품들은 원래 실패한 제품에서 출발한 경우가 많다. 실패한 발견을 새롭게 소생시키기 위해 다시 연구실에 들어간 사람들은 반드시 성공을 찾아내기 마련이다. 끝까지 포기하지 않고 계속 새로운 방법을 찾는 것, 그것이 해답이다.

앞으로 Go! 200달러 획득!

찰스 대로우*Charles Darrow*는 어려서부터 게임을 좋아하는 아이였다. 그는 우리가 요즘 말하는 '보드게임'이라는 것을 직접 만들기도 할 만큼 재능이 있었다. 10대였을 때 '은행놀이'라는 게임을 처음으로 만들어낸 그는 1883년 열여섯의 나이에 이를 제품으로 만들어 팔기로 결심한다. 그러나 세상은 그리 녹녹치 않은 법. 두 곳의 회사로부터 제작을 거절당한 파커는 의기소침해질 수밖에 없었다. 이런 경우 보통은 계획을 포기하고 다른 아이디어를 기웃거려볼 만하지만, 그는 돈을 빌리고 모아서 40달러를 마련해 500세트를 제작했다. 제품은 모두 팔려나갔고 그는 100달러라는 순수익을 얻었다.

좀더 제대로 된 제품을 만들고 싶었던 그는 파커 브라더스 *Parker Brothers*사를 찾아가 그의 게임을 보여주고 판매계약을 맺었다. 회사는 1935년 찰스의 게임에 모노폴리*Mono-poly*라는 이름을 붙여 내보냈고 이는 공전의 성공을 거둬 전 세계 게임강자의 자리를 굳히게 되었다. 모노폴리 게임은 아직도 우리에게 큰 사랑을 받고 있는 보드게임의 전설이 되었다.

모노폴리 게임에서 승리하기 위해서는 치밀한 전략이 필요하지 않은가? 마찬가지로 파커는 우리가 성공하기 위해서는 굳건히 인내하면서 목표를 끈질기게 고집해야 한다는 점을 깨우쳐준다. 10대에 겪은 실망과 좌절은 오히려 파커가 성공할 수 있도록 도와준 긍정적인 자극제였다. 그가 모든 것을 포기해서 모노폴리 게임이 탄생하지 못했다면, 많은 사람들이 가족과의 즐거운 여가시간을 보내기 위해 좀더 머리를 싸매야 하지 않았을까?

실패로부터 배운다

미국의 자동차왕 헨리 포드*Henry Ford*는 처음으로 자동차를 개발할 때 계속해서 실패를 경험했다. 그는 실패한 설계를 수정하기 위해 거듭 책상으로 돌아와야 했고, 한참 후에야 세계 최초의 대중적 자동차 'T형 포드'를 생산해내기 시작했다. "실패란 지식이 발전되기 시작하는 하나의 기회일 뿐이다." 당시 그의 실패를 우습게 여기던 회의적인 사람들에게 그는 이렇게 말하곤 했다. 이런 공식은 대부분의 기술혁신 과정에도 적용된다.

한 번의 실패를 겪은 기술자는 자신의 디자인을 다시 점검하고, 문제점을 해결하기 위해 수많은 변화를 시도한다. 이 고통스러운 과정을 인내하는 사람은 결국 성공적인 결론에 도달하게 된다. 인류에게 밝은 전등을 선사한 발명가 토마스 에디슨도 이런 성공공식을 잘 알고 있었다. 안정된 필라멘트를 가진 전구를 만들어내기 위해 무려 2,000번의 실험을 한 예는 그의 엄청난 인내를 단적으로 보여준다. 에디슨은 "일생 동안 우리가 배우는 교훈 중 최고의 교훈은 바로 우리 자신의 실수와 실패로부터 나온다"고 말했다. '천재란 99%가 땀이며, 나머지 1%가 영감이다'라는 모토로 살아온 그를 진정 성공한 사람으로 평가하는 것은 당연한 일일 것이다.

성공한 사람은 실패로부터 배운다. 놀라운 것은, 대다수의 성공한 사람들은 보통 사람들보다 더 빨리, 더 자주 실패한다는 것이다. 그러나 그들의 실패는 결코 우연이 아니다. 그들은 성공하기 위해서 더 많이 도전하였고 그래서 더 많이 실패하였으며, 그것에서 더 많이 배웠기 때문에 성공할 수 있었던 것이다.

나는 실패보다 강하다!

모든 사람들이 경험했듯이, 실패하고 그냥 주저앉아 포기하는 것은 어렵지 않다. 항공기 디자이너인 버트 루탄*Burt Rutan*이야말로 누구보다 더 많은 실패를 경험한 사람이다. 그러나 잦은 실패도 그의 질주를 막지는 못했다. 루탄과 그의 파일럿, 엔지니어들은 유인 우주 항공선을 만들어내기 위해 실패를 거듭해나갔다. 그리고 2004년 10월, 마침내 최초의 민간 유인 우주 왕복선인 스페이스십원*SpaceShipOne*이 모하비사막의 구름 한점 없는 청명한 하늘로 매끈한 선체를 뽐내며 날아올랐다. 그날 루탄과 그의 동료들은 민간 우주항공의 새 장을 열었을 뿐만 아니라, X−프라이즈*X-Prize* 재단이 수여하는 안사리−X 상*Ansari-X Prize*을 받아 1천만 달러의 상금까지 거머쥐었다. 안사리−X 상은 우주의 시작고도인 100km를 두 차례 도달하고 무사히 2005년 1월 전까지 지구로 귀환하는 민간 유인 우주선에게 수여하는 상으로, 민간 유인 항공산업을 발전시키고자 마련된 대회다.

현재 60세가 넘은 루탄은 항공 산업계에서 유명한 인물로, 그가 이미 이뤄놓은 성공을 즐기면서 산다고 해도 그를 비난할 사람은 아무도 없을 것이다. 그러나 그는 이루고 싶은 것이 있었기에 성공과 실패의 반복에서 오는 위험을 정면으로 받아들였다. 위험이 무서워 도피하면 당장은 고통스럽지 않다. 그러나 성공하고 싶다면 게임에서 도망쳐서는 안 된다. 장애물을 넘기로 선택하고 실패의 고통을 이겨낸 사람들만이 '성공'이라는 번쩍이는 보상을 받을 수 있기 때문이다.

그러니 실패해도 고개를 떨구지 말라! 오히려 고개를 더 높이 쳐들고 두 눈을 똑바로 뜬 채 이렇게 외쳐라. "나는 실패보다 강하다! 실패가 나를 멈추게 할 수는 없다. 너의 정체를 철저히 까발린 다음, 곧바로 내쳐버릴 테다!" 끝까지 인내한 다음, 보란 듯이 실패를 성공으로 바꿔버려라.

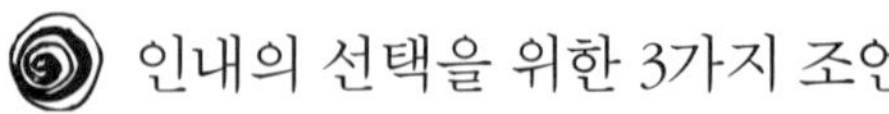

인내의 선택을 위한 3가지 조언

1. 성공을 향한 길에서 걸림돌을 만나게 돼도 절대 포기하지 마라. 아무런 문제없이 편하게 성공하는 사람은 없다.

2. 실패란 배움의 도구일 뿐이다. 실패가 던져주는 기회를 두 눈 크게 뜨고 보아라.

3. 성공하고 싶다면 게임에서 끝까지 버텨야 한다. 잠깐의 실패로 영원한 행복을 놓칠 수는 없지 않은가?

"이세상의 그 어느 것도 인내를 대신할 만한 것은 없다."
캘빈 쿨리지*Calvin Coolidge*, 미국의 30대 대통령

7. 태도의 선택

숨어 있던 열정을 끄집어내자

"사실 사람들 간의 차이는 그리 크지 않다. 그러나 아주 사소한 차이가
결과적으로 큰 차이를 만들어낸다. 그 사소한 차이란 바로 태도다. 긍
정적인 태도와 부정적인 태도의 차이는 실로 엄청나다."

W. 클레멘트 스톤 W. *Clement Stone*, 《행동하라! 부자가 되리라》의 저자

한 영업사원이 새로운 지역으로 발령을 받았다. 좋은 성과

를 거둬보겠다고 잔뜩 흥분해 있었던 시점, 그는 그 지점에서 오랫동안 일해왔던 고참을 만나게 되었다. "선배님, 제가 새로 발령받은 직원입니다. 그런데 이곳 사람들은 어떤 사람들이죠?"

"당신이 전에 담당했던 지역의 사람들은 어땠소?"라고 고참이 물었다.

"글쎄요. 무뚝뚝하고 늘 불평만 해댔죠. 좀 부정적이랄까요. 물이 반쯤 있는 컵을 보고 반밖에 안 남았다고 투덜댔으니까요."라고 신참이 대답을 했다.

대답을 들은 고참은 이렇게 대답했다. "음, 이곳 사람들도 그렇소."

몇 주 후 또 다른 영업사원이 그 지역으로 와서 역시 그 고참을 만나게 되었다. 그 역시 똑같은 질문을 했다. "제가 새로 이곳으로 오게 되었습니다. 그런데 여기 직원들은 어떤 사람들이죠?" 신참 영업사원이 물었다.

"당신이 전에 담당했던 지역의 사람들은 어땠소?"라고 고참이 물었다.

"아주 멋진 사람들이었죠! 언제나 주변 사람들과 잘 지냈고 서로서로 도와주고요. 제가 어려울 때도 많이 도와주었죠. 정말이지 그 사람들을 잊을 수 없을 겁니다.”라고 대답했다.

그 말을 들은 고참은 이렇게 말했다. “음, 자네는 이곳을 좋아하게 될 거 같군. 이곳 사람들도 그렇거든.”

서로 다른 반응에 똑같은 대답을 한 고참의 메시지는 무엇일까? 만약 주변 사람들이 지금보다 좀더 긍정적이고 열정적이며 인생에 대해서 노력하려는 자세를 가지길 원한다면, 당신의 태도 역시 그래야 한다. 나는 괜찮은데 주변 사람들이 죄다 무뚝뚝하고 부정적이라는 생각이 드는가? 그렇다면 당신의 태도부터 먼저 점검해보아야 할 것이다. 아마 당신이야말로 불평과 불만을 늘어놓기 좋아하는 사람일 테니까. 만약 당신이 행복한 사람들 주변에 있길 바란다면, 자신부터 행복한 사람이 되길 선택해야 한다. 행복한 사람인가, 불행한 사람인가, 그것은 당신의 선택에서 시작된다. “뿌리를 바꾸지 않으면 다른 열매를 기대할 수 없다”는 농부의 충고처럼, 사람의 뿌리는 태도일 것이다. 우리의 뿌리를 바꾸지 않으면 성공이라는 열매는 절대 얻을 수 없다.

젊었을 때는 잘 모르지만, 시간이 지나면 지날수록 삶의 태도가 인생에 어떤 영향을 미치는지 더 많은 증거들을 목격하게 될 것이다. 삶의 태도라는 작은 부분이 성공할 수 있는 기회와 환경, 성공의 여부를 가늠해주는 중요한 요체로 작용하기 때문이다. 40대 이후의 얼굴은 자신이 만들어간다는 말처럼, 성공한 사람들의 얼굴을 찬찬히 살펴보라. 아마 열에 아홉은 좋은 인상을 가진 사람들일 것이다. 그러나 짜증과 분노가 얼굴에서 떠나지 않는 사람은 결코 진정한 성공을 이룰 수 없다.

태 도 란 무 의 식 적 인 반 응 이 아 니 다

'태도(Attitude)'란 여러 가지 상황 속에서 무의식적으로 나오는 반응이며 마치 거울처럼 외부 환경을 반영하는 것이라고 생각하는 사람들이 많다. 즉 부정적인 것에는 자연스럽게 부정적으로 반응하고, 긍정적인 것에는 긍정적으로 반응하는 게 당연하다고 믿는다. 누군가 나를 칭찬한다면 내 기분이 좋을 것이고, 나를 비난한다면 그에 맞춰서 화를 내는 것이 당연하다는 이론이다. 어떤 일이 일어나느냐에 따라 사람의 태도도 예상될 수 있다는 말인데…. 그러나 나는 그 이론이 완전히 틀렸다고 생각한다. 사람의 삶의 태도는 주변에 대한 지극히 개인적인 반응으로 자기 자신이 내적으로 통제할 수 있는 것이지, 외적인 요소에 따라 좌지우지되는 게 절대 아니다. 물론 우리에게 일어나는 일 모두를 내면에서 마음대로 조절할 수 있는 것은 아니지만, 외부에서 일어나는 일에 어떻게 대응해야 하는지의 문제는 스스로 통제할 수 있지 않을까? 우리에게 남겨진 몫은 '어떻게 반응하느냐'를 선택하는 것이다. 자신의 태도를 결정할 수 있는 권리는 오직 자신에게만 있다.

우리가 사는 세계는 마냥 즐겁고 유쾌한 사람들로 넘쳐나는 따듯한 남태평양섬이 아니다. 지나가던 행인이 발을 밟고도 사과 없이 지나치고, 걸핏하면 협력업체에서 불평의 전화가 걸려오고, 뉴스에서는 사건사고가 끊이지 않는, 예기치 못한 불미스러운 일들이 더 많이 일어나는 세계에서 살고 있다. 그러므로 우리는 외부의 반갑지 않은 상황에 능숙하게 대처할 수 있어야만 한다.

태 도 의 힘

인정하고 싶지 않겠지만 사실은 이렇다. 우리는 우리의 태도 때문에 생겨나는 일들을 책임져야만 한다는 것이다. 더욱 힘든 사실은, 우리의 태도가 일생의 행복에까지 영향을 미친다는 점이다. 매일매일 수도 없이 선택을 내릴 때마다 우리의 태도는 그 모든 순간에 영향을 끼친다. 당신의 태도는 강한 힘을 지니고 있다. 이 사실을 명심하라.

삶을 위협하는 암과 같은 병을 다루는 의사들은 태도의 힘이 얼마나 강력한지 잘 알고 있다. 현대의학도 포기한 심각한 상태라도 '살겠다'는 의지를 갖고 있는 사람과 그렇지 않은 사람 사이에는 큰 차이가 있다. 힘들게 암을 극복한 사람들의 일화를 들어보면 그들 모두 살고자 하는 강력한 의지가 있지 않았던가? 치료될 수 있는 사람인데도 삶에 대한 애착이 없으면 아무리 치료가 완벽해도 쉽게 낫지 않는다는 이야기도 들어보았을 것이다. 스포츠에서도 마찬가지다. 선수들이 경기에 임하는 태도는 승리를 위한 전략에서 가장 중요한 부분이다. 학교에서도 밝고 긍정적인 태도를 가진 아이들이 학습적인 측면에서도 더 훌륭한 성과를 보여준다고 한다. 사회에서도 똑같다. 여론조사 결과, 주변에 긍정적인 태도를 지닌 사람이 많을수록 자신도 긍정적인 태도를 갖게 되고 성과도 더 좋아진다는 것이 밝혀졌다.

긍정적인 태도는 우리를 더욱더 행복하게, 생산적으로, 더욱 성공하게 만들어준다. 그런데도 왜 세상 사람들은 굳이 부정적인 태도를 선택하는 것일까? 왜 자신의 부정적인 태도 때문에 하찮은 결과가 나와도 고치려 하지 않는 걸까? 왜 사람들은 비관적인 생각으로 스스로에게 상처를 주는 걸까? 아마도 부정적인 사람들은 자신이 충분히 긍정적으로 될 수 있다는 것 자체를 깨닫지 못하기 때문일 것이다. 혹은 자기 연민에 빠지는 비참한 기분을 즐기기 때문에, 아니면 부정적인 태도를 갖는 게 긍정적인 태도를 갖는 것보다 훨씬 더 쉽기 때문에 그런 선택을 하는 것일 것이다. 물론 부정적인 태도는 어려운 상황 앞에서 인간이 보여줄 수 있는 자연스런 반응이다. 어떤 사람은 "나는 현실적인 사람이야!" 하며 부정적인 태도를 즐기기까지 한다. 그들이 말하는 '현실적'인 태도는 정말 현실적일까? 그것은 어려운 상황 앞에서 부정적이고 냉소적인 태도를 드러내는 것일 뿐이다. 현실적으로 일어날 수 있는 긍정적인 면은 거들떠보지도 않으면서 말이다. "지금은 자금사정이 어렵고, 인력이 부족하니까 절대 불가능하지 않나요."라고 부정적인 면만 강조하기보다, "어려운 상황이긴 하지만, 우리 팀은 전략이 탄탄하고 경험이 있기 때문에 가능할 겁니다." 이렇게 긍정적인 면도 분명 있다는 것을 간과하지 말길 바란다.

성공한 사람들을 보라. 그들은 부정적인 태도라는 독에 감염되지 않기를 선택한다. 그래서 성공한 사람들의 주변에는 항상 사람들로 넘쳐나지 않는가? 누구나 긍정적이고 열정적이며 상황에 상관없이 최선을 다하는 사람 곁에 머물고 싶어 하기 때문이다. 긍정적이고 열정적인 사람들은 자석처럼 다른 사람을 끌어당기는 힘이 있다. 또한 주변에 있는 사람들에게까지 힘을 북돋아주기 때문에 항상 즐겁고 유쾌한 에너지가 넘쳐난다. 그러나 부정적이고 회의적인 사람들은 오히려 주변 사람들의 에너지를 흡혈귀처럼 빼앗아 간다. 열정적인 태도, 기운찬 말로 우리에게 희망을 샘솟게 하고 용기를 불어넣어주는 사람이 있는가 하면, 무슨 일에든 짜증내고 "난 몰라. 알아서 잘해봐"라는 비관적인 말만 늘어놓는 사람도 있다. 그런 사람들과는 같이 있기만 해도 힘이 빠질 것이다.

부정적이고 냉소적인 사람이 성공하는 것을 본 적이 있는 가? '그렇다'고 말하기 전에 당신 자신에게 진지하게 묻고 대답해보라. 내 경험상 그런 평판을 받으면서 성공한 사람 은 없다. 단 한 명도 없다. 우연의 일치인가? 절대 그렇지 않 다. 긍정적인 태도와 열정은 그 사람의 분야나 직업, 나이에 상관없이 최고의 영업사원, 최고의 지도자, 최고의 경영자 에게서 발견할 수 있는 공통분모다.

성 공 할 수 있 는 기 회 를 즐 겨 라

우리에겐 매일같이 부딪치는 상황에 대해 스스로의 태도 를 선택할 충분한 기회가 있다. 이 얼마나 희망적인 소식인 가? 직업을 바꾸든, 점심시간을 활용하든, 출퇴근하는 동안 시간을 보내는 방식이든 우리는 매일의 상황을 원하는 대로 만들어갈 수 있다. 즉 우리가 마음먹기에 따라 성공할 수 있 는 기회가 늘어난다는 것이다.

브린슨이 사회에 나와 처음 한 일은 보험영업이었다. 그는 출근하기 전 거울을 보며 "오늘은 나의 날이다!"라고 큰 소리로 외쳤다고 한다. 아빠의 이런 모습을 본 아이들도 자연스럽게 아침마다 주문처럼 이 말을 외우게 되었다고 한다. 그의 아이들 역시 일생 동안 긍정적인 태도를 갖고 역경을 헤쳐나갔음은 너무도 당연하다. 몇 년 후, 그는 그해의 최고 실적을 올린 사원에게 수여하는 상을 받았다. 그때 그는 이렇게 이야기했다. "모든 것은 태도에 달렸습니다. 언제나 성공의 기회를 즐겁게 맞아들이는 것이야말로 지금의 저를 있게 해준 삶의 태도입니다."

태도의 힘은 우리를 앞으로 나아가게 만든다! 당신도 다시 한 번 찬찬히 생각해보라! 만약 당신이 긍정의 힘을 불신하는 사람이었다면, 그래서 줄곧 부정적인 태도를 유지해왔다고 하더라도 과거를 비난하려 들진 말라. 찰스 디킨스 *Charles Dickens*는 이렇게 충고했다. "지금 이 순간 모두에게 주어진 현재의 축복을 음미하라. 이미 과거로 지나간 얼마 되지 않는 불행 따위에 연연하지 말고!" 설령 실패나 실수가 있었다고 하더라도 지나간 일에 연연해하지 말고, 원망도 한탄도 하지 않기를 바란다. 그런 부정적인 감정들은 당신을 성공에서 더욱 더 멀어지게 만들 뿐이니까. 희생양이 되지 않도록 미래를 설계하라. 이번에는 희망차고 긍정적인 태도로 말이다!

열정은 어떻게 키우는가?

긍정적인 사람은 언제나 유쾌하고 즐겁다. 즐겁다는 순수한 감정이 있기 때문에 언제나 열정과 의욕이 넘쳐나는 것이다. 성공한 사람은 매일 아침 산책을 하거나 꾸준히 운동하는 것처럼 정기적인 방식으로 습관처럼 열정을 키워나간다. 이처럼 열정을 습관처럼 만들기 위해서는 시간과 인내, 계획, 헌신이 절대적으로 필요하다.

열정의 힘에 대해 아직 잘 알지 못하는가? 열정의 힘은 다른 사람에게 어떤 효과를 미치느냐로 증명된다. 10월 마지막 날인 할로윈*Halloween*이 되면 미국에서는 아이들이 자기가 만든 사탕을 들고 이웃집을 돌아다니며 팔러 다닌다. 아이들은 스스로 자신에 차 있고 자신들이 만든 사탕에 자부심을 느끼며 또 파는 것을 재밌어하기 때문에 그 일에 열정적이다. 할로윈이라는 특별한 날의 즐거움을 만끽하는 것이다. 그리고 놀랍게도 그런 아이들에게서 사탕을 사는 어른들 역시 덩달아 즐거움을 느낀다. 그들은 아이들을 미소로 맞이하면서 후한 값에 많은 사탕을 산다. 하지만 그렇지 않은 아이들도 있다. 별로 내키진 않지만 할로윈이기 때문에 그냥 사탕을 팔러 다니는 아이들에게는 열정도, 즐거움도, 에너지도 보이지 않는다. 사탕은 똑같고 고객도 똑같지만, 그 아이들은 많은 사탕을 팔지 못한다. 왜 그럴까? 그들에게는 열정이 빠져 있기 때문이다.

진정한 열정과 긍정적인 태도는 상황에 따라, 또는 사람들에게 좋은 인상을 심어주기 위해서 마음대로 입었다 벗었다 할 수 있는 것이 아니다. **진정한 열정이란 하나의 삶의 방식이다.** 어려운 상황이 닥치면 대부분의 사람들은 긍정적인 태도로 상황을 통제해나가기보다는 그저 상황에 휩쓸려 될 대로 되라는 식의 부정적인 태도를 가진다. 그러나 외모나 남들의 평가, 능력과 재능, 교육의 정도보다 긍정적인 태도가 성공에 더 결정적인 영향을 미친다는 것을 아는가? '미쳐야 성공한다' 는 말처럼 자신의 분야를 진정으로 즐기며 깊게, 끈질기게 파고 들어가는 사람은 결국 원하는 것을 얻어낼 수 있다. 자신의 일과 사랑에 빠져 밤낮으로 더 좋은 결과물을 궁리하는 사람치고 인정받지 못한 사람은 없지 않던가?

난관을 예상하라

　모든 일이 잘 풀릴 때는 긍정적인 태도를 가지기 쉽다. 그러나 불행하게도 우리의 인생은 우리가 계획한 대로 풀려가지 않을 때가 더 많다. 만약 당신의 성공가도에 느닷없는 난관이 등장하면, 두려움이라는 감정에는 눈길도 주지 말고 미래의 성공에 더욱 더 집중하면서 전력질주하라. 그것이 최선의 해결책이다. 긍정적인 태도로 당신의 성공을 그려보고, 확신하고, 구체적인 행동으로 옮기면서 앞으로 나아가라. 당신이 앞으로 이루게 될 성공을 눈앞에 그려보고, 그것을 성취할 거라고 굳게 믿으며 그 목표를 향해 계속 전진하는 것이다. 목표를 향해 나아가는 데 당신의 전부를 투자한다면, 설령 장애물이 나타나도 그런 것에 신경 쓸 여유는 없을 것이다. 한눈팔지 말고 앞으로 계속 나아가라.

　혹시 당신의 불행한 과거가 '자연스럽게 부정적인 태도'를 만들어냈다고 생각하는가? 불행히도 실패한 과거를 지워버릴 묘안은 없다. 사람들이 상황에 따라 저마다의 방식으로 독특하게 행동한다는 사실도 바꿀 수 없다. 그러나 당신의 태도는 외적인 조건에 의해 통제되는 게 아니라, 바로 내면에 의해서 통제된다는 점을 기억하라. 만약 당신이 부정적인 태도를 갖고 있다면 그것은 당신이 부정적인 태도를 갖기로 선택했기 때문이다. 이제부터 당신이 할 일은 선택의 중요성을 깨닫고 앞으로 신중한 선택을 해나가는 것이다. 불행의 지름길인 부정적인 시선을 집어던지고 행복해질 수 있는 긍정적인 시선을 가져라. 지금부터 하나씩 바꾸면 되는 것이다. 당신 앞에 어떤 일이 벌어지느냐에 따라 성공의 여부가 결정되는 게 아니다. 오히려 성공은 그 일에 어떤 태도로 대응하느냐에 달려 있다.

기 회 또 는 불 행

윈스턴 처칠*Winston Churchill*이 이런 말을 한 적이 있다. "낙관적인 사람은 불행 속에서도 기회를 보지만 비관적인 사람은 기회 안에서도 불행만을 본다."

기회를 찾아내는 태도와 불행만을 찾아내는 태도의 차이를 극명하게 보여주는 이야기가 있다. 한 구두회사가 전 세계를 통틀어 발전속도가 가장 미비한 후진국 시장을 개척하기로 결정하고 시장조사를 위해 두 명의 사원을 따로따로 파견했다. 그들의 임무는 그 나라가 갖고 있는 신발시장의 잠재력을 평가하는 것이었다. 몇 주 후, 첫번째 사람이 돌아와서 말했다. "이 나라에서는 절대 신발을 팔 수 없을 거예요. 아무도 신발을 신고 다니지 않으니까요!" 며칠 후, 두번째 사람이 돌아와서 이렇게 보고했다. "판매 가능성은 충분합니다! 이곳에서는 아무도 신발을 신고 다니지 않으니까 고객도 많고 경쟁사도 없어요." 낙관적인 사람은 기회를 본다. 그러나 비관적인 사람은 기회 속에서도 불행만을 본다.

다행히도 낙관적이고 긍정적인 태도는 노력으로 배우고 계발될 수 있다. 역시 모든 것은 당신의 선택에 달렸다. 우리 모두는 갑작스러운 도전이 닥쳤을 때 어떻게 대처할지에 대한 스스로의 태도를 선택할 수 있는 존재다. 당신의 행복을 설계하는 사람은 결국 당신 자신일 수밖에 없다는 점을 가슴으로 받아들이길 바란다.

낙관적인 사람과 비관적인 사람은 다음과 같은 기본적인 차이가 있다.

낙관적인 사람	비관적인 사람
• 낙관적인 사람은 곤경 속에 숨어 있는 보석 같은 기회를 발견해낸다.	• 비관적인 사람은 오직 문제만 보고 기회 속에서도 불운만을 본다(세상에!)
• 낙관적인 사람은 좌절이나 어려움을 일시적이고 사소한 것으로 여긴다.	• 비관적인 사람은 좌절과 어려움을 영원히 끝나지 않는 재앙으로 본다(그래서 미간의 주름도 펴질 날이 없다)
• 낙관적인 사람은 다른 사람의 에너지를 충전시켜주고 창조적인 해결책을 찾는다.	• 비관적인 사람은 주변 사람의 에너지를 고갈시키고 자신감까지 갉아먹는다("네가 하는 일이 다 그렇지 뭐!")
• 낙관적인 사람은 자신에게 어떤 일이든 이겨낼 수 있는 충분한 능력이 있다고 생각한다.	• 비관적인 사람은 유독 자기만 힘든 역경에 처했다고 생각한다(영화 속 비극의 주인공과 자신을 동일시하기도 한다)
• 낙관적인 사람은 도너츠에서 완벽한 고리를 본다.	• 비관적인 사람은 도너츠를 불완전한 것으로 만드는 구멍을 본다("도대체 가운데 구멍은 왜 있는 거야? 먹을 부분이 줄어들었잖아!")

가능성을 발견하다

미국인 약제사였던 존 펨버튼*John Pemberton*은 머리 염색약, 기침 시럽, 간장약 등 수많은 약을 개발해낸 후 새롭게 시럽으로 된 두통약을 만드는 일에 착수했다. 그런데 이번에는 어째서인지 일이 잘 풀리지 않았다.

그러던 어느 날 그는 조제실 뒤편에 딸린 휴게실에서 젊은 직원 두 명이 자신이 만든 시럽 두통약을 물에 타서 마시는 것을 보게 되었다. 그들은 존이 자신들을 보고 있다는 사실에 멋쩍어하면서 그 두통약의 맛이 좋아서 물에 타서 마셔보았다고 말했다. 그는 근무시간에 빈둥대는 젊은 직원에게 화를 내는 대신, 맛이 그럭저럭 괜찮다는 그들의 설명에 호기심이 발동해서 자신도 그 시럽을 물 대신 소다수에 타서 마셔 보았다. "음, 좋은데!" 펨버튼은 만족스러워하며 이렇게 말했다.

그리고 얼마 후 그가 만든 새로운 음료수는 '코카 콜라*Coca Cola*'라는 이름으로 가게에서 팔려나가기 시작했다. 그 후 코카콜라의 성공적인 이야기는 누구나 잘 아는 대로다. 펨버튼은 전혀 예기치 못한 상황에 숨겨진 기회를 보았고 그것을 놓치지 않고 성공으로 연결시켰다. 만약 그때 그

직원들의 말을 무시하고 계속 두통약에만 집중했다면…,
오늘날 코가콜라를 사랑하는 전 세계인들이 얼마나 애석했
을까?

낙관적인 사람이 되는 법

지금보다 더 긍정적인 태도를 지닌 낙관적인 사람이 되고
싶은가? 그렇다면 다음의 여섯 가지 법칙에서 그 길을 발견
할 수 있을 것이다.

1. 뿌린 대로 거둔다 : 당신이 사과나무를 심었다면 사과를
얻을 것이다. 사과나무를 심어놓고 참나무가 되기를 바랄 수
있을까? 만약 낙관적인 사람이 되고 싶다면, 낙관이라는 씨
앗을 뿌려라. 긍정적인 열매를 얻기 위해서는 긍정적인 행동
을 가꾸어라. 또한 긍정적인 사람들과 가까이 지내라.

2. 제대로 된 곳에 씨를 뿌린다 : 바위 위에 씨앗을 뿌려봤
자 열매를 맺을 수 있을까? 비옥한 땅을 골라서 씨앗을 뿌려
라. 긍정적인 사람과 긍정적인 일을 도모하라. 당신의 에너

지는 긍정적인 목적을 성취하는 데 사용해야지, 부정적인
곳에 낭비해서는 안 된다.

3. 때가 되면 열매를 수확한다 : 땅을 갈고 경작하는 것을
좋아하는 농부가 있었다. 그는 매번 즐거워하면서 땅에 고
랑을 내고 씨앗을 뿌렸다. 그러나 추수 때가 되자 그는 갑자
기 자기가 정성들여 가꾼 고랑을 망가뜨리고 풍성한 밭을
황량하게 만들어야 한다는 사실이 싫어졌다. 아니, 경작을
했으면 수확을 해야 하는 것은 당연한 일 아닌가? 농부의 어
리석음을 교훈 삼아 씨를 뿌렸으면 수확을 하자.

4. 과거의 흉작은 과거사일 뿐이다 : 인생은 중요한 선택
들로 가득 차 있고 모든 선택 하나하나에 따라 나름의 결과
가 있게 마련이다. 그러므로 과거의 수확이 풍년이냐 흉작
이었느냐 하는 사실은 전혀 중요하지 않다. 다만 추수의 결
과에 어떻게 대응하느냐가 중요하다. 과거의 실패가 오늘
긍정적인 씨앗 뿌리기를 방해할 수 있는가? 우리가 할 수 있
는 일은 올해의 수확에 대한 것뿐이다. 그러므로 과거의 실
패를 교훈 삼아 올해의 수확에 더욱 신경 쓰면 되는 일이다.
그 깨달음을 바탕으로 더 많은 것을 수확할 수 있을 것이다.

5. 날씨나 해충 따위의 걱정은 접어두라 : 걱정은 쓸데없는 에너지 낭비이고 더 큰 의심을 만드는 어리석은 방법이다. 걱정과 근심은 문제의 해결책보다는 보이지도 않는 위험요소를 찾는 데 더 집중하도록 만든다. 걱정을 멈추게 하는 가장 좋은 선택은 능동적으로 행동하는 것이다.

6. 느긋해지자 : 수확에 너무 조바심을 가지지 말고 계속해서 씨를 뿌리고자 하는 욕구와 강인함을 갖는 게 중요하다. 흉작을 걱정하고 자책해봤자 시간낭비일 뿐이다. 당신 스스로 자긍심을 갖고 있지 않은데 어떻게 다른 사람이 당신을 존경할 수 있겠는가? 자기 자신을 대단하게 여기고 칭찬하도록 하라.

낙관적인 태도는 때로 생명을 구한다

막스는 언제나 긍정적이고 자신감이 넘치는 사람이었다. 그의 그런 태도는 소매업에서 성공할 수 있었던 가장 큰 기반이 되었다. 그에게 매일매일은 '사업하기 아주 좋은 날'이었다. 그를 찾는 고객들 역시 막스의 이런 모습을 좋아했고 인생에 대한 그의 태도를 닮아가려고 노력했다. 그는 자신이 만족할 만큼의 성공을 얻었을 뿐 아니라 주변 사람들에게도 하나의 성공모델이었다. 그러던 어느 날 아침, 복면강도가 막스의 사무실에 침입해 그를 위협한 다음 금고에 있던 돈을 모조리 훔쳐냈다. 돈을 챙긴 강도는 끝내 막스를 총으로 쏘고 달아나버렸다.

막스는 곧 다른 사람에게 발견되어 병원으로 옮겨졌다. 하지만 그의 상태를 본 의사와 간호사들은 그가 절망적인 상태라고 판단했다. 병원진들의 태도에서 부정적인 상황을 감지한 막스는 그의 인생에서 가장 중대한 선택을 내리게 된다. 무슨 일이 있어도 반드시 살겠다는 결심을 한 것이다. 응급처치를 하러 온 간호사가 물었다. "특별한 알레르기 반응이 있으신가요?" 그러자 막스는 "예, 있어요."라고 대답했다. 순간 응급실은 쥐죽은 듯 순간 조용해졌다. 치료가 무척 어려워질 수도 있는 결정적인 상황이었기 때문이다. 모두 그의 대답을 기다리고 있었다. 막스는 깊게 숨을 쉰 다음에 이렇게 대답했다. "총알이요. 저는 총알을 맞으면 예민해지거든요." 환자가 죽을지도 모른다는 어둡고 부정적인 태도가 팽배했던 응급실은 순간 유쾌한 웃음으로 가득 찼다. 그는 곧이어 이렇게 말했다. "내가 살기로 선택했으니 여러

분도 할 수 있는 한 최선을 다해주세요."

그렇다. 태도란 결국 선택할 수 있는 것이다. 때론 우리의 생명까지도 구해줄 수 있는 아주 중요한 것이다. 낙관적인 태도는 우리가 목적지를 향해 성공적으로 달려 나갈 수 있도록 강인한 연료를 넣어준다.

 ## 태도의 선택을 위한 3가지 조언

1. 당신의 태도를 의식적으로 선택하라. 성공한 사람들은 긍정적인 열정을 습관처럼 끊임없이 가꾼다.

2. 눈을 크게 뜨고 새로운 기회를 지켜보라. 심지어 전혀 예기치 않았던 곳에서도 기회는 온다. 기회를 잡아내 성공으로 연결시켜라.

3. 스스로 느긋한 마음을 가지고 다른 사람에게도 관대하라. 사람들은 모두 발전해나간다.

"인생은 불행하게 보내기에는 너무나도 짧고, 제대로 하지 않기에는 너무나 길다."

브라이언 더지*Bryan Dodge*

8. 역경의 선택

불행은 반드시 정복되리라

"우리 모두는 생각과 에너지의 보고다. 그런데 비상사태가 일어나기 전까지는 그 사실을 별로 깨닫지 못한다. 그러다 역경을 극복하기 위해 평소 능력의 두 배, 세 배를 거뜬히 발휘해서 성공할 때, 우리는 자신의 성과에 놀라게 된다." …토마스 J. 왓슨*Thomas J. Watson*, IBM의 창립자

최근에 나는 큰 성공을 거둔 열두 명의 사람들을 우연한 기

회에 만나 개인적으로 일어났던 역경에 대해서 이야기를 나
눈 적이 있었다. 그들은 암이나 주변 사람들의 자살, 이혼,
자녀의 유괴, 마약중독, 배우자 사망, 심각한 건강문제, 파
산 등 모두들 우리가 상상할 수 있는 모든 불행과 좌절을 경
험해본 이들이었다. 지금 생각해도 그토록 막막한 어려움을
이겨낸 게 믿기지 않는다고 회상하는 사람도 있었다. 그런
데 그들이 한결같이 말하는 것은 그때 그렇게 힘들게 역경
을 극복한 게 개인적인 성공에 있어 결정적인 전환점이 되
었다는 것이었다. 한 사람에게 그토록 힘든 일이 일어날 수
있다는 사실을 체험하면서, 그들은 자신의 과거와 현재에
대해 절절한 마음을 느꼈다.

성공한 사람들도 다른 사람과 마찬가지로 여러 가지 불행
을 겪고 있다. 어떤 종류의 어려움과 곤경은 누구도 어떻게
해볼 수 없는 것이었고, 스스로 몰락을 자초한 것도 있었다.
그러나 어떻게 그런 힘든 일을 겪게 되었든, 정면으로 맞서 싸우
고 절망을 극복하자 그들은 어느새 성공한 사람의 반열에 들게
되었다.

성공한 사람과 평범한 사람의 차이는 무엇인가? 성공하는
사람들은 역경과 고난을 만나면 기꺼이 정면으로 맞서 공략

하는 데 에너지를 쏟겠다는 선택을 한다. 그러나 보통 사람은 상황을 불평하고 자신을 합리화하고 다른 사람을 비난하는 데 소중한 에너지를 낭비한다. 그 결과 긍정적인 해결책 근처에도 못 간다. 기억하자. 불평과 불만은 어려움을 이겨내는 데 필요한 에너지를 고갈시킬 뿐이다. 그럴 바엔 차라리 입을 다물고 있는 게 훨씬 낫다.

주 저 앉 을 것 인 가 ?
아 니 면 두 주 먹 을 불 끈 쥘 것 인 가 ?

모든 사람에게는 어려운 때가 찾아온다. 그러나 '역경(Adversity)'에 면역성이 있는 사람은 아무도 없다. 차라리 역경은 인생을 구성하는 한 부분이라고 생각하는 게 정확할 것이다. 거의 모든 사람은 어떤 지점에서 분명 시련을 당하게 되어 있다. 안타깝게도 절대 피해갈 수는 없다.

그러나 마냥 절망만이 있는 것은 아니다. 고난과 역경이 우리의 인생을 공격하는 때, 바로 그때가 우리 자신을 발견할 수 있는 때이기도 하다. 우리는 고통 속에서 비로소 자신이 어떤 인간인지를 알게 되는 것이다. 일이 잘 풀리지 않을 때, 예기치 못한 일이 뒤통수를 칠 때 자신이 어떤 사람인지 그대로 드러나게 되어 있다. 당신 옆자리의 직장동료가 상사의 엄한 질책을 받고 난 후 어떤 행동을 했었는지 곰곰이 생각해본다면 그 사람의 모습을 알 수 있을 것이다. 갑작스러운 어려움에 충격을 받았다면, 이제는 그 충격을 딛고 선택을 내려야 할 때다. 자기연민이라는 유혹적인 함정에서 머물고 싶을 수도 있다. 아니, 잠시만이라도 그러고 싶을 것이다. 하지만 자기연민은 우리의 발을 묶어 절대 움직이지 못하게 한다는 사실을 기억하라. 그 대신 고난을 극복하고 공략하는 데 꼭 필요한 일을 하겠다고 선택할 수도 있다.

어려움에 맞서 극복한 사람의 예를 들라면 아마도 전립선암과 투병하면서 세계 사이클 선수권대회에서 연속으로 그랑프리를 차지한 랜스 암스트롱*Lance Armstrong*과 불구가 된 슈퍼맨 고(故) 크리스토퍼 리브*Christopher Reeve*가 떠오를 것이다. 이들은 모두 자기연민이라는 유혹적인 함정을 거부하고 인생에 과감히 도전하기로 선택했고, 자신들과 비슷한 곤경에 처한 사람들을 대변하는 목소리가 되어주었다. 우리가 생각하기에 그들의 업적은 그야말로 기적이라고밖에 할 수 없을 정도다. 하지만 과연 그것이 하늘이 내린 기적일까? 나는 결코 그렇지 않다고 생각한다. 멀리서 찾을 것도 없이 당신 주변에 있는 가족과 동료들을 돌아보라. 개인적인 시련과 고난을 정복하기로 선택한 사람들을 어렵지 않게 찾을 수 있을 것이다. 비록 대중적인 관심도, 밀려오는 성금도 없지만 그들의 도전 역시 누구 못지않게 눈물겹고 감동적이지 않은가?

내가 아는 사람들 중 멜리사가 그러하다. 그녀를 만나본 사람들은 누구나 그녀의 멋진 인간성과 호감 가는 외모, 명석한 일처리, 유쾌한 유머감각, 그녀가 이룬 성공에 깊은 인상을 받는다. 겉으로는 모든 것을 가진 완벽한 사람처럼 보이겠지만, 그녀 역시 극복하기 힘든 고난과 시련을 겪었고 그 시험대를 성공적으로 통과했다. 5년 전만 해도 멜리사는 세 살짜리 아이와 이제 막 태어난 갓난아이를 키우는 평범한 가정 주부였다. 그러던 어느 날, 아무런 예고도 없이 멜리사의 인생은 갑작스럽게 변하게 된다. 그녀의 남편이 갑자기 떠나겠다고 선언했던 것이다. 그 길로 남편은 집을 나가서 다시는 돌아오지 않았다. 아무런 이유도 설명도 남기지 않은 남편의 행동에 너무나 기가 막혀 그를 잡을 수도 없었다. 게

다가 그녀에게는 두 아이와 미처 다 갚지 못한 주택대출금이 남아 있었다. 얼마 지나지 않아 그녀는 남편이 그녀의 절친한 친구와 새 인생을 시작했다는 사실을 알게 되었다.

멜리사의 세계는 산산조각이 났다. 남편은 물론 친구까지 하루아침에 잃어버린 멜리사. 결혼 후 아이를 돌보기 위해서 직장생활마저 접었던 그녀에게 경제적 어려움과 정신적 충격은 이루 헤아릴 수 없을 정도였다. 자기연민에 빠져 불공평한 세상을 증오하는 것은 차라리 쉬운 일일 것이다. 설령 그런다고 해도 그녀에게 찾아온 불행의 정도를 생각하면 그녀를 탓할 사람은 아무도 없었다. 하지만 멜리사는 다시 일어섰다. 사랑하는 아이들이 있었기에 산산조각 난 인생의 퍼즐조각을 주워들었다. 멜리사에게 닥친 역경이 그녀를 오히려 더욱 빛나게 한 것이다. 물론 그녀에게 인생을 살아가는 여정은 쉽지 않았다. 그러나 그녀는 자신과 아이들, 한 번뿐인 인생의 꿈을 고난과 시련이 망가뜨리도록 허락하지 않았다. 멜리사는 이제 성공한 그래픽 디자이너로 주변 사람들에게 넘치는 에너지의 원천이 되고 있다.

어떤 사람은 고난과 시련이 우리를 갉아먹을 것이라고 말하지만, 또 어떤 사람은 우리를 더 빛나게 해줄 것이라고 한다. 당신은 어떤 말이 맞다고 생각하는가? 당신을 갉아먹을지, 빛나게 할지는 모두 당신의 선택에 달렸다. 어떤 선택을 하고 어떻게 불행을 이겨낼 것인가에 따라 폭풍이 지나간 후의 당신의 모습이 달라질 것이다. 멜리사는 분명 용기 있는 선택을 했다. 자신 앞에 닥친 불공정한 게임에서 최선을 다한 그녀! 그렇다. 선택은 힘이다. 역경 앞에서도 우리는 긍정적인 기회를 볼 수 있고, 모든 것이 부셔진 폐허 속에서도 예전보다 더 위대한 성공을 꿈꿀 수 있다. 불행한 상황에 한탄만 하면서 남아 있는 인생을 아깝게 보낼 수는 없지 않은가!

역경을 정복하기

내 친구인 크리스 역시 상상할 수 없는 비극적인 고난을 당하고도 앞으로 전진하는 선택을 내렸다. 그는 사랑하는 여자와 결혼한 행복한 남편이었고, 한 명의 자녀와 이제 곧 태어날 아이의 아버지기도 했다. 그러나 크리스는 어느 날 오후 사무실에서 날벼락 같은 전화 한 통을 받았다. 그의 아내와 그녀의 뱃속에 있던 아이가 자동차 사고로 사망했다는 충격적인 소식이었다. 졸지에 사랑하는 아내와 아이를 잃은 크리스. 설령 그가 비극 앞에서 무너져 내리고 슬픔에서 헤어나길 거부해도 그를 비난할 수 없을 정도로 혹독한 시련이었다. 그러나 살을 에는 듯한 비극에도 불구하고 그는 불행이 주는 교훈을 순순히 받아들이기로 선택한다. 자기 앞에 놓인 인생에서 다른 기회를 찾아보기로 용기를 낸 것이다.

얼마의 시간이 지난 후, 이제 그는 그런 끔찍한 비극을 겪은 후 어떻게 다시 일어설 수 있었는지 이야기한다. "인생은 불공평하다. 원래가 그러니까. 인생이 공평하기를 기대하는 것은 어리석은 일일 뿐이다. 그러나 **인생이 아무리 냉혹하더라도 분명 다시 일어서서 앞으로 나아갈 수 있는 기회는 있다. 당신이 그 기회를 선택하기만 하면 된다.**"

지금 이 순간, 삶이 너무나 고통스러운 사람들을 위해 크리스는 이런 조언을 해주고 싶다고 한다.

1. 확신과 긍정 : 제일 먼저 무엇을 잃었고 무엇이 남아 있는지 인지하라. 극심한 강박관념 속에서는 모든 것을 다 잃어 버렸다고 느끼기 쉽다. 이는 자연스러운 현상이지만, 우리가 알아야 할 것은 **비극 속에서도 모든 것을 잃어버린 것은**

아니라는 사실이다. 두려움은 우리가 일어서서 다시 앞으로 나아가지 못하도록 우리 정신을 지배하려 든다. 그러나 고난 앞에 서 있는 당신, 결국은 다시 일어서서 앞으로 나아가겠다는 선택을 해야 한다.

2. 긍정적인 희망 : 고난은 우리의 비전을 공격하고 순간의 고통으로 우리의 눈을 멀게 한다. **고통에 지지 말고 자신을 일으켜 세우는 선택을 하라.** '왜 하필 나인가' 라는 자기연민의 덫에서 빠져나와 긍정적인 기대를 가지고 앞으로 나아가라.

3. 마음을 연 소통 : 시련을 딛고 일어서기 위해서는 남들이 내미는 손을 기꺼이 잡아야 한다. 많은 경우, 사람들은 스스로 일어서려고 고군분투하지만 때론 누군가의 전화 한 통이 우리를 다시 일으켜 세우는 힘이 되곤 한다. 도움을 원하는 친구를 외면하지 않는 것처럼, **누구나 기꺼이 남을 도와주려는 준비가 되어 있다.** 그러나 도움을 받을 사람이 먼저 마음을 열어야만 남들도 당신을 도울 수 있다.

4. 끊임없는 활동 : 시련이 닥치면 셀 수 없을 정도로 많은

장애물과 난관에 몸이 얼어붙게 마련이다. 그래서 정신적인 공황상태에 빠져 무엇을 해야 할지 잘 모른다. 이를 해결하는 방법은 **무조건 움직이는 것이다.** 어찌됐든 용기를 갖고 앞으로 나아가야 시련에 대처할 방도가 보일 것이다.

5. 주변의 협력 : 살면서 부딪치는 시련 중 상당수는 혼자 힘으로 해결할 수 없는 것들이다. **혼자서 시련을 헤쳐나간다는 것은 누구에게나 힘든 일이다.** 먼저 마음을 열고 도움을 구하라. 그러면 사람들은 기꺼이 당신을 도울 것이다.

6. 축하의 마음 : 조그마한 성취에도 서로를 축하하는 일은 긍정적인 에너지를 채우는 원동력이며 희망의 원천이다. 또한 우리의 마음을 편안하게 하고 삶에 대한 태도에 새롭게 하며, 비관과 부정이라는 피할 수 없는 삶의 공격에 맞서 싸울 수 있는 용기를 준다.

크리스의 조언은 우리의 인생에 재앙이 찾아왔을 때 그것을 어떻게 하면 새로운 삶의 촉매제로 여길 수 있을지 자세하게 알려준다. '인생의 가장 고통스러운 순간에도 방법은 있다' 는 사실을 그 자신이 증명하고 있지 않은가. 그는 비

극적인 상황을 겪고 나서야 처음으로 자기 자신에 대해서
깊고 진지하게 생각하게 되었으며, 그런 절망 속에서도 자
신이 인생에서 선택할 수 있는 것들이 보이기 시작했다고
고백하고 있다.

대안을 찾아가자

분명한 것은, 자신에 대해서 더 많이 알면 알수록, 미래의
대안도 더 많이 보인다는 점이다. 우리 모두에게는 일생 동
안 채워가야 하는 귀중한 자산이 있다. 그것은 바로 우리의
에너지 창고다. 지금 이 순간이 지나고, 언젠가 시련이 닥치
면 스스로에게 이렇게 묻자. "지금 이 상황에서 나에게 주어
진 시간과 에너지를 최대한 유용하게 사용하려면 어떻게 해
야 하는가?" 그때는 이렇게 대답하자. "가능한 한 대안이란
대안은 모두 탐구하자. 나는 앞으로 나아갈 수 있는 사람이
니까!"

두 눈을 똑바로 뜨고 선택하라. 아무리 힘든 고난 앞에 있
더라도 두 눈을 크게 뜨고 있어야 대안과 기회가 보인다. 닫

힌 마음속에서는 전혀 찾을 수 없었던 간절한 해결책이 당
신의 눈앞에 나타날 것이다.

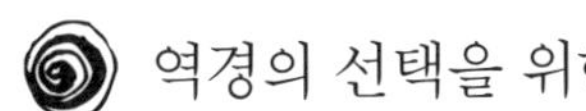 역경의 선택을 위한 3가지 조언

1. 고난과 시련은 절대 영원히 지속되지 않는다는 것을 기억하라. 그러므로 어려움에 처했을 때 옆 사람이 내미는 도움의 손길을 기꺼이 받아들여 고난을 극복하라.

2. 눈앞에 수많은 역경과 난관이 있다고 해서 당황하거나 얼어붙거나 멈추지 말라. 계속 행동하며 나아갈 때만이 위기를 극복할 수 있다. 무슨 일이든 멈추지 말고 앞으로 나아가라.

3. 비난할 사람을 찾는 데 에너지를 낭비하지는 말라. 긍정적인 태도로 불행 속의 기회를 찾겠다는 선택을 하라. 그것만이 최선이다.

"어떤 사람에게는 시련이 파산의 이유가 되지만, 어떤 사람에게는 새로운 도전의 이유가 되기도 한다."
윌리암 아서 워드*William Arthur Ward*, 미국의 교육자

3. 미래에 투자하라

멀리 내다보고

성공의 열매를 수확하라

성공을 위한 선택

마음가짐
1. 희생양의 선택
2. 헌신의 선택
3. 가치의 선택
4. 정직의 선택

행동
5. 실행의 선택
6. 인내의 선택
7. 태도의 선택
8. 역경의 선택

미래투자
9. 관계의 선택
10. 비판의 선택
11. 현실의 선택
12. 선행의 선택

"당신의 모든 생각, 모든 사실이 결과적으로 당신에게 이득을 가져오게 만들라. 생각만 머물게 하지 말고 직접 행동하여 당신에게 도움이 되도록 하라. 사물을 보이는 대로 보지 말고 그 안의 내재된 가능성을 보라. 앉아서 꿈만 꾸지 말고, 일어나서 창조하라!"

로버트 콜리어*Robert Collier*,《성취의 법칙》의 저자

9. 관계의 선택

사람과 사람 사이, 기회를 잡아라

"한 사람의 인간관계는 모든 발전과 성공과 성취가 자라날 수 있는 비옥한 토대나 마찬가지다."
벤 스타인*Ben Stein*,《벤 스타인의 55가지 부자습관》의 저자

아이들을 키우면서 놀라운 사실을 발견했다. 아이들은 네 살 정도 되면 혼자서 노는 것보다는 여럿이 함께 노는 것이

더 재미있다는 사실을 알게 되는 것 같다. 그래서 형제자매나 친구와 노는 시간을 무척 기다리곤 한다. 그렇지만 즐겁게 잘 놀다가도 갑자기 티격태격할 때가 있는데, 그때의 해결책은 '두 선수 잠깐 휴식!'이다. 잠시 진정하게 떨어뜨려 놓고 자신이 어떤 행동을 했는지 생각할 수 있는 시간을 주는 것이다. 아마 10분도 안 돼 서로 언제 싸웠냐는 듯이 깔끔하게 화해하고 다시 신나게 놀이를 시작할 것이다.

친구들과의 놀이나 다툼 같은 경험은 아이들이 가족을 벗어나서 겪게 되는 첫번째 사회적인 인간관계 경험일 것이다. 타인과 타협과 양보라는 것을 모르던 아이들에게 때론 힘든 경험이 되기도 하지만 대부분은 또래들끼리 유연한 관계를 맺어 나간다. 사이좋게 놀다가도 갑자기 휘몰아치는 폭풍처럼 티격태격 싸우기도 하는 등 점점 유아스런 고집을 누그러뜨리는 법을 배워나간다. 혼자 얌전히 있는 것보다는 싸우더라도 함께 노는 것이 훨씬 더 재미있다는 것을 알게 되면서부터 아이들은 인간관계의 룰을 학습해가는 것이다.

아이들에게서 알 수 있는 것처럼 인간은 사회적 존재다. 걸음마를 하기 시작하면서, 우리가 맺어온 인간관계는 우리의 생을 아름답게 꾸며주기도 하고 때론 어둡게 색칠하기도 한다. 어렸던 시절을 생각해보면 알 수 있을 것이다. 가족에서부터 이웃집 아이, 학교에서 만난 선생님, 처음으로 좋아하는 마음이 들었던 이성에 이르기까지 얼마나 많은 웃음과 눈물을 주었던가. 그러나 지금부터는 감정적인 인간관계보다 사회적인 인간관계에 대해 생각해보기로 하자.

인 간 관 계 쌓 아 가 기

우리가 흔히 생각하는 '인간관계(Relationship)'란 가족에서부터 동료, 상사, 직원 그리고 정기적으로 부딪치게 되는 사람들까지를 말하는 것으로, 우리 삶의 여정 그 자체이고 아주 중요한 부분이다. 사람에 따라 인간관계의 범위를 아주 넓게 보기도 하는 반면, 소수의 친숙한 사람들만을 일컬어 말하기도 한다. 그러나 규모에 상관없이 건강한 인간관계를 구축하고 유지하는 데 필요한 기술들은 대개 비슷하다.

사람이 혼자서 살아가는 것은 절대적으로 불가능하다. 그래서 우리는 주변의 다른 사람들에게 둘러싸여 그들과의 관계를 쌓아나간다. 그토록 많은 사람들과 만나고 헤어지는데도, 막상 생각해보면 인간관계를 맺는 방법 같은 것은 학교에서 가르쳐주지 않는 것 같다. 인간관계를 구축하는 방법을 어떻게 학습할 수 있을까? 다른 사람과 긍정적인 인간관계를 만들어나가는 방법은 누구에게서 배워야 할까? 대부분의 경우 가족이나 직장 내 멘토Mentor를 역할모델로 삼는 경우가 많다. 아마 어렸을 때는 누나나 형에게서 영향을 받는 경우가 많았을 것이고, 존경하고 본받고 싶은 인물에게서, 혹은 직장 동료에게서 인간관계의 단서를 얻기도 할 것이다. 그러나 그것이 선택이든 필연이든 대부분의 사람들은 인간관계를 구축하는 데 필요한 모델을 스스로 창조해나가는 능력이 있다. 선생님에서부터 책, 영향력 있는 동료, 대중적으로 명성을 얻은 유명인에 이르기까지, 외부에서 보고 겪은 일들을 관찰하여 자신에게 필요한 점들을 찾아낸다. 그러고 나서 그 단서들을 모아 하나의 거대한 콜라주를 만든다. 모자이크 조각이 모여 사람의 형상이 완성되는 것처럼, 우리는 자신이 창조적으로 만들어낸 모델을 기초로 하여 나름의 인간관계를 형성하고 키워나간다.

사람들은 '나의 인간관계란 이러이러해야 한다'는 자기 나름의 원칙과 고집을 가지고 있다. 그래서인지 나에게는 논리적이고 그럴싸하게 보이는 원칙이 다른 사람에게는 불합리하게 여겨질 수도 있다. 또한 자신이 중요하다고 생각하는 덕목과 남들이 원하는 것이 전혀 달라서, 서로를 만족시키지 못하고 섭섭한 마음을 가지는 경우도 있다. 그러나 여기서 우리가 반드시 짚고 넘어갈 것이 있다. 인간관계를 맺고 지켜 나가는 데 있어 어떤 일정한 패턴이나 보편적인 단 하나의 기준이란 있을 수 없다는 점이다. 왜냐하면 사람은 저마다 서로 다른 것을 구하고 또 욕망하기 때문이다.

인간관계에 대한 각자의 정의가 어떻든, 인간관계는 성공하기 위해 절대적으로 필요한 전제조건 중 하나라는 점에는 모두가 동의할 것이다. **나 홀로 얻을 수 있는 성공이란 없다.** 신입사원에게는 일을 가르쳐줄 선배가 필요하고, 팀 업무를 할 때는 믿을 수 있는 동료가 필요하며, 경영자에게는 객관적인 시각을 유지하게 해주는 사원이 필요한 것처럼, 훌륭한 성과를 내기 위해서 남의 도움을 받지 않는다는 것은 불가능한 일이다. 그렇지만 이처럼 우리를 성공하게 만들어주는 인간관계는 그냥 주어진다거나 운이 좋아서 얻게 되는 것이 아니다. 건강하고, 유익하고, 에너지가 넘치는 인간관계를 원한다면 그 사람들 모두 각자의 시간과 에너지를 투자해야만 형성되는 것이다. 그 과정이 그리 쉽지만은 않을 것이다. 그러나 건강한 인간관계는 시간이 지날수록 우리를 성장시켜 나가는 중요한 촉매제 역할을 한다.

건강한 인간관계 만들기

여러 전문가들의 조언처럼 건강한 인간관계의 기초가 되는 것은 사람과 사람 사이의 신뢰다. 서로를 진실하게 신뢰하는 관계 속에 있는 사람들은 문제가 발생하면 솔직하게 대화하고 개방적인 태도로 의견을 나누며 서로에 대한 긍정적이고 부정적인 감정들을 쉽게 풀어놓는다. 서로 대화도 하지 않으면서 얼굴만 찡그리고 있다가 사이가 나빠지고 원수지간이 되는 경우를 많이 보지 않았는가? 사회에서 사람들과 관계를 맺으려면 개인적인 인간관계에 필요한 것과는 다른 노력이 요구된다. 일터에서 건강한 인간관계를 맺을 줄 아는 사람들에게는 다음과 같은 특성이 있다.

첫째, 상대방은 어떻게 느낄지, 그들의 관심과 꿈은 어떤 것인지 관심을 가진다.

둘째, 사람 사이의 관계는 혼자서 노력한다고 되는 것이 아니다. 자기 자신부터 책임감을 갖는 것은 물론, 상대방 역시 책임감을 갖고 관계를 만들어나갈 수 있도록 격려한다.

셋째, 인간관계에는 '여기에서 어떤 이익을 얻을 수 있을까'라고 실리를 계산하는 것 이상의 의미가 담겨 있다. 그러므로 소중한 관계를 발전시켜나가기 위해 내가 무엇을 할 수 있을까를 적극적으로 모색한다.

넷째, 다른 사람이 나에게 늘 좋은 것뿐만 아니라 부정적인 짐도 가져다줄 수 있다는 점을 이해한다.

다섯째, 자신이 다른 사람의 행복에 큰 영향을 미칠 수 있다는 것을 안다. 반대의 경우가 있다는 것도 물론 명심한다.

21세기의 현대사회에서 '인간관계'를 말할 때, 사람들은 친구들 간의 진한 우정이나 남녀간의 낭만적인 사랑에만 한정하여 생각하는 경우가 있다. 그러나 그보다는 사회적으로 넓은 범위에 속하는 사람들과의 모든 상호작용이라는 의미가 더욱 클 것이다. 성인이 되어 직업을 가지고 일을 하기 시작하면, 개인적으로 만나는 사람보다는 일과 관련하여 알게 되는 사람이 훨씬 더 많아지게 마련이다. 하루 중 사랑하는 가족이나 연인과 함께 보내는 시간보다 직장동료와 있는 시간이 훨씬 더 많다는 사실을 생각하면 '사회적인' 인간관계를 쌓는 방법이 얼마나 중요한 부분을 차지하는지 눈치 챌수 있을 것이다.

결속력 있고 긍정적인 인간관계는 그냥 저절로 만들어지는 것이 아니다. 물론 순간적인 유대감이 생기는 경우도 있을 것이다. 학생 시절 존경하는 교수님의 말에 전율이 흐를 정도로 동감했을 때, 멘토의 이야기를 듣고 짜릿한 깨달음을 얻었을 때, 나와 똑같은 관심사를 가진 사람을 만나 "맞아! 나도 그래!" 하는 체험을 할 때, 우리는 순간적으로 강한 결속력을 느낀다. 그러나 그런 감정은 인간관계의 시작점에 지나지 않는다. 거기에서 시작하여 바람직한 인간관계를 만들려면 시간과 관심, 이해가 필요하며, 내가 무엇인가를 필요로 하는 것처럼 다른 사람도 원하는 것이 있다는 점을 기꺼이 인정하는 자세가 요구된다.

오늘날처럼 너무나 급박한 속도로 움직이는 사회에서는 인간관계가 일방적인 착취관계로 변질되기도 하고, 진정한 의미가 잊혀지기도 하며, 때론 감정의 교류 없이 단순히 겉돌기만 하다가 한쪽이 어려움에 처하면 갑자기 무너져버리기도 한다. 왜냐하면 '그 관계로 내게 이득이 되는 것이 무 엇이지?'라는 생각을 하며 손익계산서를 따져가며 맺은 관 계이기 때문이다. 그래서 좋은 시절이 지나면 아무런 거리 낌 없이 간단하게 끝내버릴 수 있는 것이다. 더 이상 얻어낼 것이 없다는 생각을 하며 말이다. 눈앞의 이익만 보고 그 사 람을 평가할 것인가? 그 사람 뒤에 숨어 있는 뜨거운 열정과 믿음은 왜 보지 못하는가? 현실에 가려져 있는 기회를 포착 할 수 있는 안목을 길러야 한다.

인간관계, 시작에서 지속시키기까지

자, 사회적으로 건강한 인간관계가 우리의 삶을 얼마나 풍요롭게 만드는지 깨달았는가? 이제부터는 실전에 들어 가, 사람들과 직접 얼굴을 마주하며 서로의 신뢰를 바탕으 로 도움을 주고받을 수 있는 관계를 만드는 데 필요한 것들 을 알려주겠다.

매일 만나는 직장 동료, 상사, 거래처 사람들에게서 벗어 나 인간관계의 범위를 확장하고 새로운 인맥을 구축할 수 있는 기회를 갖고 싶은가? 사실 우리가 미처 생각하지 못하고 있을 뿐이지, 새로운 사람을 만나서 새로운 관계를 구축해나갈 수 있는 기회는 무수히 많다. 주위를 둘러보라. 같은 직장에서 일하지만 이제까지 이름 정도만 알고 지냈던 사람들이 있지 않은가? 다른 사람과의 깊은 인간적 교류를 할수록 즐거움에서부터 가슴 따뜻한 교훈까지 얻을 수 있는 것이 많다. 서로를 알아가는 시간을 투자하지 않는다면 당신과 상대방 모두에게 커다란 손실이 아닐 수 없다.

혹시 새로운 인간관계를 만들어가는 데 어려움을 느끼는가? 그런 사람들에게 다음의 몇 가지 힌트가 도움이 되었으면 좋겠다.

1. 당신의 관심사항이 무엇인지를 정확히 알고 새로운 사람과의 만남에 합류한다. 일단 사람들 무리에 들어가면 적극적으로 동화되도록 노력하라. 누군가가 도움을 필요로 할 때 가장 먼저 손을 내밀 수 있는 사람으로 기억되는 것이 중요하다.

2. 일찍 가서 늦게까지 남아 있는 것도 좋다. 모임에 가보

면 늘 일찍 와서 늦게까지 남아 있는 사람들이 있다. 모임에 참여해 있는 시간이 길면 길수록 더 많은 사람들을 만나고 이야기를 나눌 수 있는 것은 당연하지 않을까? 또한 다른 사람들을 위해 기꺼이 봉사하는 자세를 가진다. 첫만남의 어색함을 깨뜨리는 데는 최고다.

3. 관심을 갖자. 사람들을 알게 되면 멀뚱히 서 있지 말고, 그들이 일하고 있는 프로젝트에서부터 휴가계획, 개인적인 가족 이벤트까지 상대방의 일과 개인에 대해 물어보도록 한다.

4. 누군가를 상대방에게 소개시켜주겠다거나 만나고 싶다는 말을 했으면, 말로 끝내지 말고 진짜 행동한다. 사람과 사이를 이어 가는 것, 새로운 만남은 언제나 좋은 것이다.

5. 다른 사람의 멘토가 되어준다. 깊이 있는 인간관계는 지금의 당신을 만든 경험을 다른 이들과 공유할 때 비로소 시작된다. 사람들은 당신의 믿음직스런 충고와 진심 어린 상담, 현명한 지혜를 필요로 한다. 기쁨은 나눌수록 배가 되고 슬픔은 반이 된다고 하지 않았는가? 그러니 당신만 갖고

있지 말고 남과 나누자!

새로운 사람을 만나는 것만큼 이미 우리의 삶에서 중요한 위치를 차지하는 사람들과 더 좋은 관계를 만들어가는 것도 중요하다. 그러나 익숙한 관계라고 해서 모두 긍정적인 것만은 아닐 것이다. 만나면 만날수록 시간낭비라는 생각이 들 때도 있고, 생산적인 면이 전혀 없다고 여겨질 수도 있다. 심지어 문제가 있는지조차 인식하지 못하고 계속 악화되는 경우도 있다. 그러나 당신의 연인이나 가족, 친구, 직장 동료와 상사까지, 그 누구와의 관계에서도 개선의 여지는 항상 있는 법이다. 사람들과의 관계를 혼자서 완성할 수는 없지만 당신 쪽에서 먼저 더 많은 노력을 기울인다면 상대방도 당신의 헌신에 반응하지 않을까? 인간관계를 건실하게 하는 데는 다음과 같은 다섯 가지의 원칙이 있다.

1. 당신의 인간관계는 당신 자신을 대하는 태도를 반영한다. 옛말에도 있지 않은가? "친구를 사귀려면, 남이 보기에 친구가 되고 싶은 사람이 되어라." 자신을 사랑할 줄 모르는 사람은 남도 사랑할 줄 모른다. 그러므로 인간관계를 구축하기 위해서는 스스로 내면의 평화를 찾아야 한다. **당신**

은 스스로를 책임질 수 있는 유일한 사람이므로, 당신이 아니면 그 누구도 당신의 행복을 만들어주지 않을 것이다. 내면이 평화로워야 더욱 더 큰 행복을 찾을 수 있는 것! 자신을 아끼고 상대를 관용적인 마음으로 대하는 것이 먼저다.

2. 모든 사람은 상대방이 자신을 배려한다고 느끼길 원한다. 그러므로 **먼저 다가가 마음을 표현하라.** 예전에 누군가가 당신을 특별한 존재로 느끼게 해주었던 경험이 있다면 그때를 상기해보라. '저 사람이 나를 신경 쓰는구나'라는 감사의 마음이 들었을 것이다. 부정적인 분위기에서는 인간관계가 건강하게 발전할 수도 없고 개선될 수도 없다. 긍정적인 생각과 행동을 표현하면 상대방 역시 자연스럽게 나를 존경하게 되고, 당신과 맺는 관계가 귀중하다는 것을 깨닫게 될 것이다.

3. 이 세상에 바쁘지 않은 사람은 한 사람도 없다. 그러나 사람 간의 정을 쌓아가는 시간을 투자하지 않는다면 사적으로든 공적으로든 원하는 관계를 맺을 수 없다. **건강한 관계는 시간을 들여 헌신해야지만 얻어지는 것이다.** 마치 식물을 키우는 것처럼 말이다! 눈코 뜰 새 없이 바쁜 당신이 소중한 시간

을 투자하여 그들을 만나고 있다는 사실을 인식시켜주자.

4. 인간관계에서 분쟁과 다툼은 늘 일어나기 마련이다. 거기에서 일일이 누가 이기고 지느냐를 따지는 것은 시간낭비일 뿐이다. **서로 해결책을 찾기 위해 협상하고 조정하려고 노력하라.** 어떤 인간관계든 서로 다른 의견을 갖고 있으면서도 존중하고, 서로 다른 의견이 있어도 인정하며, 누구 하나 패자가 되지 않고 함께 앞으로 나아가는 것, 그것이야말로 사람과 사람 사이의 궁극적인 목표가 아니던가?

5. 사람들 사이에 힘든 문제가 생길 때는 용서를 실천하라. **용서와 이해는 인간관계의 윤활유와 같다.** 지금은 어렵다 하더라도, 상황은 시간이 지나면서 언제든 나아질 수 있으므로 용서하면서 이 시간을 인내하자. 기회는 언제나 찾아오니까 말이다.

사회현상을 분석하는 전문가들이 말하길, 성공을 이끌어주는 요소 중에 호의적이고 서로를 배려하는 건강한 인간관계는 보통사람들이 생각하는 것 이상으로 중요한 역할을 한다고 한다. 다른 이들과 비전을 공유하고자 하는 사람, 다른 이들에게서 무언가를 배우고자 하는 사람, 신뢰를 쌓을 줄 아는 사람은 건강한 인간관계를 맺을 수 있을 것이다. 이처럼 건설적인 관계는 우리가 실패했을 때 다시 일어설 수 있는 힘을 주고 위로해주며, 좋은 일이 있을 때는 기쁨을 함께하며 우리가 삶을 지속해나갈 수 있도록 힘을 준다.

인간관계란 우리가 살면서 얻을 수 있는 모든 즐거움을 누리는 데 있어서 반드시 필요한 상호작용이다. 또한 성공을 향해 앞으로 나아갈 수 있도록 도와주는 열쇠라는 점도 잊지 말자.

 관계의 선택을 위한 3가지 조언

1. 가족과 친구 또는 직장 동료, 부하직원, 상사와의 긍정적인 관계를 위해 최선의 노력을 다하라. 뿐만 아니라 당신의 분야에서 인간관계를 구축하는 데 소중한 시간을 투자하라. 모든 사람들은 자신이 특별한 일을 하고 있다고 느끼고 싶어 한다. 그러므로 당신 주변의 사람들에게 감사의 마음을 표현하자. 간단한 엽서든 이메일이든 솔직하게 표현하는 것이 중요하다.

2. 다른 사람의 멘토가 되어라. 사람들은 당신의 믿음직스런 충고와 진심 어린 상담, 현명한 지혜를 필요로 한다. 기꺼이 당신의 경험을 공유하라.

3. 상황이 어려워질 것 같은 분위기만 느껴도 당신을 내팽개치고 달아나는 사람은 절대 상대하지 말자.

"당신 삶의 수준은 곧 당신이 맺는 인간관계의 수준과 같다."
  앤서니 라빈스*Anthony Robbins*, 《네 안에 잠든 거인을 깨워라》의 저자

10. 비판의 선택

가혹하지만 가치 있는 레슨

"당신의 등 뒤에서 사람들의 수군대는 소리가 들린다면, 그것은 당신이 이미 그들보다 두 걸음 앞서 있다는 것을 뜻한다."

패니 플래그*Fannie Flagg*, 《후라이드 그린 토마토》의 저자

'성공은 비판을 먹고 자란다.' 이는 피할 수 없는 사실이다. 누구나 자기 분야에서 더 높이 올라가면 올라갈수록 남들의

비판과 수군거림에 더 많이 노출될 수밖에 없다. 일을 잘못해서 흠집이 잡힌 걸까? 그런 것도 아니다. 설령 자신은 일을 제대로 하고 있다고 자신할지라도 비판은 늘 따라다니기 마련이다.

그렇다면 '비판(Criticism)'이란 무엇인가? 비판은 남들로부터 잘못이나 오류를 지적받는 것이라고 정의할 수 있다. 또한 다른 사람이 나를 어떻게 생각하는지에 대한 판단이 되기도 한다. 내가 어떻게 행동하는지, 어떻게 비춰지고, 어떻게 일을 수행하며, 어떻게 생각을 하는지 등에 대해 타인이 판단을 내리는 것, 이것이 바로 비판이 될 수 있다.

남들이 날 싫어하길 바라거나 인정받고 싶지 않은사람은 결코 없을 것이다. 모든 사람이 우리의 의견에 동조하고, 우리가 하는 일이 최고라고 칭찬했으면 하고 바란다. 그러나 현실은 어떠한가? 비판에 직면할 수밖에 없다. 다른 사람의 부정적인 말을 들을 때면 힘이 쭉 빠져버리는 것은 당연하다. 그러나 비판은 결코 나쁜 면만 있는 것은 아니다. 이제부터 우리가 할 일은 '피할 수 없는' 비판을 매번 어떻게 받아들일 것인가 선택하는 것이다.

우리는 어렸을 때부터 많은 비판을 듣고 자란다. 초등학교에 갓 입학했던 시절을 떠올려보자. 생애 처음 만나는 선생님은 당신의 모든 행동에 한 마디를 덧붙이셨을 것이다. 글자를 크고 또박또박하게 써라, 남들 앞에서 더 큰소리로 말하라, 물을 마실 때는 병째로 마시지 말고 컵에 따라서 마셔라 등등 온통 '이것은 별로 좋지 않다, 저런 행동은 안 된다'는 말들. 겉으로는 부드럽지만(때론 거칠 때도 있지만) 아주 완고한 의미를 함축하고 있는 것이 바로 비판이다. 초등학교를 졸업하고 중학생이 될 때쯤에는 담임 선생님이나 부모님한테서만 충고를 받는 것이 아니라, 또래 친구들에게, 심지어 잘 알지도 못하는 사람들에게까지 이런 저런 충고를 받게 된다. 그렇게 우리는 수없이 많은 비판을 듣고, 또 직접 남을 평가하며 살아간다.

최근 어떤 회사에 방문할 일이 있었다. 두 번 정도 찾아가게 되었는데, 첫번째 방문에서 조금 이상하다는 것을 깨닫고 두번째 방문에서는 확실히 '뭔가 잘못됐다'는 느낌을 받았다. 왜냐하면 그 회사의 모든 직원들은 그야말로 '먹고 먹히는 관계'에 있었기 때문이다. 다른 동료에 대해 조그만 흠집을 잡아 수군대고 사소한 행동까지도 도마에 올려놓고 난

도질하는 그런 기업문화가 뿌리 깊게 박혀 있었다. 그 회사에서의 생활이란 마치 생존게임과도 같아 보였다. 경주에서 앞서 나가는 사람은 그에 관한 모든 것이 비판의 대상이 된다. 사무실의 책상배치에서 전화 받는 태도, 프레젠테이션 방법, 머리 스타일까지 모든 것이 비판거리가 되었다. 그 사람의 다음 행동을 온 회사가 손꼽아 기다린 것처럼 곧장 비판이 쏟아졌다. 그 회사의 이직율이 40%에 달하는 것이 전혀 이상스럽지 않을 정도였다. 그렇게 남의 성공을 시기하는 사람들은 사소한 일 하나에도 꼬투리를 잡으려고 온갖 애를 쓴다.

성공한 사람들이 다른 사람들의 공격대상이 되는 경우는 심심치 않게 볼 수 있다. 만약 주변 사람들이 당신의 긍정적인 변화를 질투하기 시작하면 인격적인 부분까지 비판하게 될지도 모른다. 화는 나겠지만, 그런 비판은 당신의 성공에 전혀 도움이 안 된다는 것을 알지 않는가? 당신이 신경 써야 할 하등의 가치가 없다. 다만 모든 비판이 가치가 없는 것은 아니다. 당신이 저지른 실수를 집어내어 뭔가 배울 수 있도록 해 주는 비판에는 겸허히 귀를 기울여라. 목표에 이르기 위해서는 지금까지의 흔적을 되돌아보고 반성할 시간도 필요하기 때문이다.

황소개구리 한 마리

오늘의 교훈 : 비판에 대해서 과잉반응하지 말 것! 매사에 비판적인 사람은 말만 많고 목소리만 클 뿐이다. 아무도 그의 편은 없으니 걱정 말라.

'개구리 농장'을 판다는 광고를 낸 농부가 있었다. 그는 농장 안에 황소개구리가 가득한 연못이 있다고 떠들고 다녔다. 어느 날, 농장에 관심을 가진 사업가가 나타나자 농부는 저녁이 되면 황소개구리 울음소리로 연못이 장관을 이룬다고 큰소리를 쳤다. 그 말을 들은 사업가가 저녁 때 다시 돌아와 보니 과연 연못에서 들려오는 황소개구리의 울음소리가 장관이었다. 그 소리에 홀딱 반한 사업가는 농장을 사기로 결정했다.

일주일 후, 농장의 새 주인이 된 사업가는 연못 속에 있을 황소개구리를 시장에 내다 팔기로 마음먹고 연못의 물을 뺐다. 그러나 연못 바닥에서 그가 발견한 것은…, 늙은 황소개구리 한 마리뿐이었다.

직장 내에 떠도는 비판과 수군거림도 황소개구리 한 마리

가 온 동네를 시끄럽게 하는 것과 똑같은 경우가 많다. 당신
에 대한 거북한 소리가 들리는가? 일일이 반응하지 말라. 언
젠간 지쳐 잠잠해질 테니.

비판을 수용하라

우리를 질투하여 생기는 전혀 가치 없는 비판도 있다는
것이 확실해졌다. 그런데도 우리는 기꺼이 비판을 받아들이
는 선택을 해야 하는 걸까?

궁극적으로 우리 모두는 비판이 필요하다. 훗날 크게 성
공하든 안 하든 마찬가지다. 많은 사람들이 일반적으로 생
각하는 것과는 달리, 비판이 항상 부정적인 것만은 아니다.
누군가의 충고를 들었을 때 기분이 어떤가? 분한 마음도 들
지만 한편으로는 정신이 번쩍 들지 않는가? 이처럼 비판은
완벽하지 못한 우리의 주의를 레이저처럼 한 곳으로 집중시
켜 개인적인 삶과 사회생활의 더 중요한 면에 몰두하도록
도와준다. 그래서 혹자는 비판을 '가르치는 도구'라고까지
말하기도 한다. 선생님의 엄한 꾸짖음, 직장선배의 혹독한

지적처럼 비판은 우리 인생에서 아주 힘겨운 가르침을 주는 학습의 도구라고 말할 수 있다. 내가 알고 있는 단점에서부터 미처 인식조차 하지 못하는 단점까지 알게 되는 계기라고나 할까? 사회에서는 더욱 그렇다. 조직에서 실제로 오고 가는 비판은 구성원에나 조직에게나 긍정적인 발전의 요소가 된다.

자기 자신이 타인을 비판할 때도 있을 것이다. 그때 내가 그 사람에게 비판하는 내용을 잘 들여다보자. 가족에서부터 유명인까지 사람을 판단함에 있어 나만의 부정적인 잣대를 들이밀 때가 있다는 것을 금방 깨닫게 될 것이다. 분명한 것은 당신의 비판이 의미를 가지려면 다른 사람과 그의 행동을 판단할 때 유연한 태도를 가지고 자신만의 판단의 잣대를 거두어야 한다는 것이다. 타인의 방식보다 나만의 방식이 항상 좋다는 보장을 할 수 있는가? '나라면 그렇게 하지 않았을 것'이라고 해서 그의 행동이 100% 쓸모없는 것은 아닐 것이다. 또한 비판을 들었을 때도 건강하게 받아들이려면, 항상 비판의 내용에 관심을 기울이자. 늘 비판을 이해하려는 태도로 타인의 말에 마음을 열고 귀를 기울여야 한다. '그 사람이 그런 말을 하는 의도가 뭘까?', '나에게 어떤 것을 알려주고 싶어서 그러는 걸까?' 등을 객관적으로 판단해보자. 비판을 어떻게 받아들이느냐 하는 당신의 선택에 따라 당신의 내일이 즐거울 수 있다.

분명 비판에는 긍정적인 면도 있다. 제대로 된 사람이 해주는 비판은 분명 우리를 개선시킨다. 직장생활을 하는 사람이라면 여러 직원들 앞에서 자신의 실적에 대해 평가받는 순간이 너무나 창피하고 두려울 것이다. 공개적인 실적평가가 부정적인 면보다는 긍정적인 면이 더 많다는 것을 아는 사람조차도 비판이 두렵기는 마찬가지다. 그러나 당당하게 타인의 비판에 귀 기울이고 개선할 줄 아는 사람치고 승진이 늦는 사람은 한 번도 보지 못했다.

사람이 가지고 있는 장점 중 가장 많은 부분을 차지하는 것은 바로 발전의 가능성이다. 우리에게는 언제나 더 잘할 수 있고, 더 자주 할 수 있으며, 더 집중해야 하는 것들이 있다. 더 이상 앞으로 나아갈 의욕이 없을 때, 타성에 젖어 지루함만 가득할 때, 적절한 시점의 적절한 비판은 우리를 더욱 성공적인 사람이 되도록 만들어준다.

경직된 사고를 극복하라

"언제나 생산적인 비판을 환영합니다!"라고 말하는 사람을 종종 만나게 된다. 그러나 그런 열린(?) 마음의 사람들에게조차 비판이 항상 환영받는 손님은 아니다.

왜 그럴까? 그것이 바로 인간의 본성이기 때문이다. 비판은 늘 긴장과 짜증을 수반하게 되어 있다. 설령 그것이 우리의 잘못을 고치고 단점을 보완해줘서 성공으로 이끌어준다 할지라도 비판이 고통스러운 것은 사실이다. 비판에 대해 너그러울 수 없는 이유 중 하나는 바로 내 생각이 최선이고, 내 생각만이 옳다고 생각하는 인간의 본능적인 태도 때문이다. 그러나 이와 같은 한계를 극복하지 못하면 외부의 그 어떤 조언에도 마음을 열 수 없는 때가 생긴다. 내 생각이 최고라고 자만하고 유일한 대안이라고 생각하게 되면 다른 사람의 말에 마음을 닫게 되고 무시하면서 고집을 내세우고…, 결국 발전하지 못하고 한자리에서 정체되기 마련이다. 쉽게 말하면 '독불장군'이 되는 것이다.

경직된 사고의 반대편에는 유연한 태도가 존재한다. 비판을 들었을 때 잠시 마음을 가라앉히고 타인의 말에 객관적인 자세로 귀를 기울인다면 우리는 더 똑똑한 의사결정을 내릴 수 있을 것이다. 일단 '비판을 받아들이는 선택'을 하기로 맘먹었다면 동료에서부터 상사, 친구, 연인에게 비판의 말을 들었을 때 어떻게 대처하는 것이 최선의 방법일까? 여기 몇 가지 제안이 있다.

1. 비판은 피드백의 다른 이름이란 것을 인정하자. 인간은 누구나 피드백이 필요한 법이다.

2. 당신 자신에게 질문하라. "나에게 조언을 하는 사람은 과연 자격이 충분한 사람인가? 그저 나를 상처주려고 하는 말일까, 나를 염려해서 하는 말일까? 객관적으로 그 사람이 하는 비판에 진실이 담겨져 있는가?"

3. 생산적인 비판은 나를 위한 소중한 선물이다. 선물을 준 사람에게 감사하라.

4. 남의 비판에서 기꺼이 뭔가 배우려고 노력하라. 다른 사람이 당신을 너그러이 여겨주길 바라면서 자존심을 굽히지 말

라. 당신이 어떤 사람이고 어떤 장단점이 있는지 정확히 알면 다른 사람의 비판을 평가하는 것이 한결 수월해진다.

5. 당신의 인격에 대한 직접적인 비판이라면 특정한 행동에 대한 문제로 바꿔 생각하라. 인격적인 비판을 받으면 누구라도 확고했던 결심조차 흔들리게 된다. 그러므로 당신 자체에 대한 것이 아니라 당신의 행동에 대한 비판으로 이해하고 한정시켜라. 순간적이고 지엽적인 비판에 대해서는 신경 쓰지 않는 것이 좋다.

6. 비판을 곰곰이 돌이켜볼 시간을 갖은 다음, 당신이 그에 대해 어떻게 느끼고 생각하는지 분명하게 상대방과 의사소통하라. 그런 다음 비판받은 내용을 고쳐나가기 위한 행동을 계획하자.

7. 다른 사람이 생산적인 비판을 해주길 원한다면(물론 당신이 할 때도 그렇고), 그들의 관심에 대해 감사의 마음을 표현하라.

비판은 우리 인생을 구성하는 '현실과 사실'이다. 비판을

장애물로 여기든 도움으로 여기든, 그것은 당신의 선택이
다. 심리 전문가들은 언제라도 타인의 비판을 받아들이고
또 그것을 감사하게 받아들이라고 조언한다. 설사 비판의
내용이 생산적인 것이든 아니든, 결과적으로 자기 자신의
능력과 사고를 발전시킬 수 있는 도구로 사용할 줄 알아야
한다. 아마 처음에는 화를 삭이는 데 무척 어려움을 느낄 것
이다. 겁쟁이처럼 보일까봐 걱정이 되기도 하고 말이다. 그
러나 살다보면 타인의 비판 하나하나에 집착하는 지점과 완
전히 무시하는 지점 사이의 적당한 균형점을 찾아내게 된
다. 그러면 비판에 대해 공격적이지 않고 어느새 비판을 환
영할 수 있는 마음까지 가질 수 있다. 그러니 너무 비판에 연
연하지 말라.

 ## 비판의 선택을 위한 3가지 조언

1. 성공에는 언제나 그림자처럼 비판이 따른다는 점을 인정
   하라. 비판이 오면 화끈하게 포용하고 그로부터 뭔가를
   배우려고 노력하라.

2. 생산적인 비판을 하나의 선물로 받아들여라. 생산적인
   비판은 당신이 성공을 위해 개선해야 하는 것들을 하나
   하나 가르쳐준다. 심지어 자신이 잘 모르고 있었던 점까
   지 말이다.

3. 비판은 우리 인생에서 여러모로 가르침을 주는 도구임을
   명심하자.

"비판은 예술의 창이며 등불이다. 비판은 예술이 짐짓 확실하게 구별
할 수 없는 모호함과 아무것도 보이지 않는 어둠에 둘러싸여 있을 때,
장막을 거둬들여 드 실체를 밝히고 보여준다."
조지 진 나단 *George Jean Nathan*, 미국의 극작가

11. 현실의 선택

진실과 대면하라

카르멘은 남들이 모두 알 만한 중견기업에서 중간 관리자로
오랫동안 일해왔다. 그러나 그녀는 그 자리에 오르기까지

동료들이 자신보다 먼저 승진하는 것을 무수히 지켜보았다. 남들 앞에서 말하는 것을 두려워했기 때문에 자연히 승진이 늦을 수밖에 없었던 것이다.

닉은 매달 자신이 세운 목표치를 달성한다. 그리고 영업실적이 가장 뛰어난 사원에게 주는 상은 물론, 상품으로 하와이 여행권도 여러 차례 받았다. 하지만 지난 3년 동안 그는 마케팅 팀장으로 승진하는 데 실패하고, 다른 동료 두 명이 그를 대신해 더 높은 지위로 승진했다. 상사의 설명은 이랬다. "개인적인 감정은 없네, 닉. 자네는 아이들 학교 문제 때문에 매번 다른 지역으로 발령받기를 거부하지 않았나. 그 결과 우리 회사는 지난 5년 동안 자네가 맡은 지역에서 다른 지점을 하나도 내지 못했다네."

칼 역시 대기업에서 오랫동안 경영 관리부의 관리자로 일해 왔다. 하지만 그는 지루한 관리보다 활기찬 영업부 일이 하고 싶었다. 그러나 그가 영업부의 부사장에게 자리를 옮기고 싶다는 의사를 표현할 때마다 돌아오는 대답은 실망스러웠다. 마침내 그는 부사장에게 "제가 왜 영업부로 가지 못하는 겁니까?"라고 볼멘소리로 물었다. 그러자 부사장이 대답했다. "칼, 솔직하게 말해서 영업부는 자네에게 맞지 않는다고 생각하네. 사실 영업이라는 것이 자기 스스로 동기부여할 줄 알아야 하는 곳인데, 자네의 건의를 받고 논의한 결과 자네의 최근 업무태도를 볼 때 영업부는 힘들겠다는 결론을 내렸다네." 사실은 이랬다. 칼의 현재 업무태도, 즉 관리직 일을 할 때의 활동도 평가의 대상이 되었던 것이다. 건성으로 전화 받는 태도, 느슨한 일처리 방식이 스스로 개척해나가야 하는 영업직보다는 구조적으로 돌아가는 업무환경에 더 적합하다는 평가를 받았던 것이다.

'인간은 현실과 대면하기를 거부한다'는 사실은 역사를 돌아보면 쉽게 알 수 있다. 미국 독립혁명의 지도자인 패트릭 헨리*Patrick Henry*는 1775년 대륙회의에서 미국을 속국으로 만들려는 영국의 속셈을 밝히며 진실을 보지 않으려하는 미국인들에게 이렇게 일갈했다. "인간은 모두 고통스런 진실에 대해서는 두 눈을 감고자 합니다. 뱃사람의 눈을 멀게 하는 사이렌의 노랫소리에 취해서 스스로 괴물로 변해가는 줄도 모릅니다. 순간적인 환영이 주는 안도에 취한다면, 눈이 있으면서도 보지 못하고 귀가 있으면서도 듣지 못하는 사람이 될 것입니다. 그렇게 되길 원합니까? 나는 그렇지 않습니다. 영혼의 괴로움이 아무리 크다고 하더라도 나는 진실을 있는 그대로 보고자 노력할 것입니다. 최악의 것이 무엇인지를 직시하고 그것에 대비할 것입니다."

사실과 대면하고 있다고 생각하지만 실제로는 보고 싶은 대로 보는 것일 뿐, 진짜 현실이 아닌 경우가 너무나도 많다. 칼의 경우에서 보듯이 그는 자신의 현재 업무에서보다는 영업부서에서 더 잘할 수 있을 것이라고 믿었다. 성격도 영업에 적합하고 제품에 대해서 필요한 정보를 다 안다고 믿었다. 이제 자신에게 필요한 것은 '기회'뿐이라고 생각했지만, 칼의 업무상태를 관찰한 사람들의 판단은 달랐다. 현재의 부서에 만족하지 못하며 자투리 시간에 게으름을 피운다거나 쓸데없는 전화를 걸면서 시간을 보내는 그의 습관을 알고 있었던 것이다. 물론 부사장이 매일 그를 관찰한 것은 아니겠지만, 잠깐잠깐의 모습이 쌓여 그의 이미지를 만들어가고 있었다. 칼은 자신의 업무를 수행하는 도중에도 면접을 당하고 있다는 것을 알지 못했던 것이다.

현실이라는 진실

현실, 실제(Reality)라는 단어는 무언가의 진정한 본성을 가리킨다. 상상의 것이 아니라, 정말로 존재하는 진실을 말하는 것이다. **성공에 필요한 필수적인 요소는 바로 현실을 밝혀내고, 있는 그대로 직시하는 태도다.** 실제를 찾아내는 과정은 사실이 무엇인지 검토하고 그것을 우리의 감정과 자아로부터 구별해내는 일이다.

"성공하기 위해 왜 현실을 선택해야 하는가?"라는 의문이 고개를 들 것이다. 성공이란 그저 미래만을 바라보고 열심히 뛰면 되는 것이라고 생각하기 쉽지만, 현실을 선택하면 새로운 목표설정 과정에 필요한 도약판으로 활용할 수 있다. 단거리 달리기를 하건 마라톤을 하건, 자신의 컨디션과 트랙 상태에 대해 정확하게 알고 있으면 더 효율적으로 대처할 수 있는 것처럼 말이다. 우리는 우리 앞에 무엇이 있는지를 이해하기 위한 도구로서 현실을 바라본다. 우리 앞에 어렴풋이 놓여 있는 난관을 파악하고 그것을 넘어 새로운 기회에 이르기까지, 이해를 위한 도구로 선택하는 것이다.

현실을 선택하면, 어디에서 오고 어디로 가고 있고 그곳에 이르기 위해서는 무엇을 어떻게 해야 하는지 중요한 지침을 얻을 수 있다. 커다란 쇼핑센터나 백화점에 갔을 때, 사람들은 제일 먼저 지도를 찾아 '현 위치'가 어딘지 파악한다. 그 다음에는 커피숍이 어디에 있고 안경점은 어디에 있는지 방향뿐만 아니라 가장 빨리 가는 길을 찾아내고는 한다. 목표를 정하기 위해 지도를 이용하는 것처럼, '현실파악'은 우리가 있는 곳에서부터 가고자 하는 목표에까지 이르는 길을 알려주는 이정표 역할을 한다. 또한 현실의 선택은 어려운 결정을 해야 할 때 우리를 도와준다. 영업부 부사장이 칼에게 자투리 시간을 생산적으로 사용하지 않았던 점을 지적한 사실, 즉 현실을 파악하게 해준 점은 칼에게 3가지 선택사항을 주었다. 계속해서 사무직 관리자로 남든지, 영업부에 적합하도록 시간을 효율적으로 활용하는 방법을 배우든지, 아니면 다른 회사로 가서 산뜻하게 새롭게 시작하든지 셋 중 하나를 선택하라는 메시지인 것이다.

현실은 우리의 한계가 무엇인지를 그대로 드러내준다. 미국의 미식축구팀인 댈러스 카우보이팀의 전설적인 선수였던 트로이 에이크만*Troy Aikman*은 의사로부터 더 이상 격한 운

동을 하면 건강이 위험해질 수 있다는 심각한 경고를 받았
었다. 당시 그는 앞으로 더 훌륭한 선수가 될 수 있는 잠재
력을 지니고 있었다. 그러나 한 번만 더 심하게 몸이 부딪치
는 충격을 받으면, 인생 전체를 돌이킬 수 없을 지경에 빠질
지도 모르는 상황에 빠지고 만 것이다. 그가 처한 현실은 선
수생활을 계속하다간 인생 전체를 대가로 치러야 한다는 것
이었다. 그의 능력을 아까워하는 팬들이 많았지만 그는
2001년에 팀에서 은퇴를 할 수밖에 없었다. 그러나 그의 역
사는 여기서 끝난 게 아니었다. 그는 현재 폭스*Fox* 방송국
과 미식축구 해설자로 일하며 선수생활을 하던 때보다 더
열정적으로 과거의 영광을 재현하고 있다.

사회생활을 하다보면, 트로이의 경우처럼 여러 가지 한계
를 만나게 된다. 능력의 한계를 느낀다거나, 리더십의 한계
를 느끼는 것처럼 말이다. 그때마다 현명한 사람들은 "잠시
현실을 냉정히 파악하자."라고 말할 것이다. 그것은 현재
당신이 어디에 있고('현 위치'가 어딘지), 어디로 가고자 하는
가를 평가하는 데 절대적으로 필요한 접근방식이다. 현실을
똑바로 판단한 다음, 그들은 현실의 한계를 극복하기 위해
변화가 필요하다는 생각을 한다. 계획이나 비전, 꿈, 목표를

향한 방향, 문제를 해결하기 위한 접근방법, 나와 함께 일할 팀에 변화가 필요하다는 사실을 깨닫는 것이다. 트로이는 '심각한 건강상태' 라는 자신의 한계를 발견했지만, 거기에서 좌절하지 않고 또 다른 변화를 시도하고 노력했다. 그리고 그 전과는 다른 분야에서 당당하게 성공할 수 있었다.

현실을 점검할 시간, 한 박자 천천히

우리는 현실을 점검하고 돌아볼 시간을 갖지 않고, 쉴 틈 없이 앞만 보고 전진하는 데 너무나 익숙하다. 허둥지둥 일어나 아침도 먹지 못한 채 출근하고, 사무실에 도착하자마자 이메일 체크를 하고 답신을 쓰고 거래처와의 미팅을 한 후, 급하게 점심식사를 하고 오후 내내 보고서를 작성한다. 야근에 회식까지 하고 나면 완전히 지쳐, 집에 돌아와도 가족들과 이야기도 한 마디 못 나누고 쓰러져 잠들기 일쑤다. 바쁜 스케줄에 연료탱크를 다시 채울 만한 잠깐의 휴식시간도 없이 허둥거리며 지내는 요즘 사람들. 심지어 휴식이 필요한 때가 되어도 인식조차 하지 못하고 그냥 넘어가는 일이 허다하다. 깜깜한 어둠을 깨고 새벽 6시에 출근하는 길,

그때서야 연료가 바닥났다는 사실을 발견하고 차가 멈추지 않기만을 바라며 초조하게 주유소를 찾아 헤매는 상황이 그려지는가? 어쩌면 당신도 그 차처럼 조만간 길거리에서 '풀썩' 주저앉을지 모른다.

현실을 점검하는 자세는 고속도로에서 갑자기 연료가 떨어지거나, 근사한 식당에서 연인과 식사를 한 후 계산하려는 순간 지갑을 두고 왔다는 사실을 깨닫는 난감한 상황이 일어나지 않게 미리 막아준다. 현실의 선택은 우리 앞에 놓인 장애물을 치우고 커다란 한 발자국을 내딛는 데 얼마만큼의 노력이 필요할지 가늠할 수 있도록 해준다. 더 큰 장애물이 우리의 성공을 가로막기 전에, 트로이처럼 지금 이 순간 변화를 주는 것이 최선의 선택이라는 것을 이해하면서 현실을 직시해야 한다.

그렇다고 해서 고상한 목표와 꿈을 미리부터 포기하라는 말이 아니다. 사실은 오히려 정반대다. 현실의 선택은 오히려 그런 이상을 성취할 수 있는 최고의 기회를 준다. 왜냐하면 현실은 우리가 성공하기 위해 갖추어야 할 것이 무엇인지 정확하고 객관적인 평가를 내려주기 때문이다.

1994년에 개봉한 영화 중에 '청춘 스케치(Reality Bites)'라는 작품이 있다. 이 영화는 대학을 갓 졸업한 젊은이들이 사회에 적응해가면서 겪는 삶을 그리고 있다. 작품성을 떠나서, 이 영화는 현실을 선택할 때 갖고 있는 부정적인 면을 솔직하게 담고 있다. 좋아하지도 않는 일을 억지로 하고 있는 자신을 발견할 때, 좋아서 들어간 회사가 알고 보니 부실한 경영상태에 있을 때 현실은 우리의 뒤통수를 친다. 배우자가 어느 날 갑자기 떠나버릴 때, 이제까지 살아온 삶의 방식이 완전히 비효율적이었다는 것을 깨달았을 때, 아직 어리다고만 본 큰아이가 밤늦게 부모 몰래 집을 빠져나가 불량한 아이들과 어울리는 걸 목격할 때, 현실은 이렇게 갑작스럽게 우리의 뒤통수를 치기 마련이다.

그렇다. 현실의 선택은 때론 구질구질하고 유쾌하지 않은 것들과 마주치게 만든다. 별로 말하고 싶지도, 생각하기도 싫은 것들의 실상을 낱낱이 보여준다. 그러나 현실을 선택하는 순간, 우리는 문제해결의 첫번째 단계를 이미 밟고 있는 셈이다. 또한 분노를 일으키고 감정적 에너지를 고갈시켜버리는 상황을 파악했으니 이제는 끝내버릴 수 있다는 희망의 신호가 되기도 한다.

현실의 선택이 주는 보상

이렇게 힘들게 현실과 대면하고 나면, 과연 그에 합당한 보상이 주어지는 것일까?

물론이다. 현실의 선택에는 분명 보상이 따른다. 다만 그 전에 차근차근 발전해나가지 못하고 있는 정체된 모습이나 자기에 대한 의심, 비관주의와의 힘겨운 싸움을 벌여야 할 것이다. 그러나 현실을 선택하면 자기 자신에 대해서 더 많은 것을 알 수 있을 뿐만 아니라, 계속해서 이어지는 장애물을 오히려 장점으로 이용할 수 있다는 것까지 배우게 된다.

하버드 대학의 교수이자 리더십 전문가인 로날드 하이페츠*Ronald Heifez*는 미래 비즈니스의 리더들에게 꼭 필요한 자질을 강조하면서 "내일의 위대한 리더들은 현실과 대면할 용기를 가진 사람이며, 주변 사람들이 현실을 제대로 볼 수 있도록 도와주는 사람이다."라고 말했다. 리더가 현실을 직시할 때, 조직의 비전은 더 분명해지고 현실의 장애물을 극복할 전략들이 마련되기 때문이다. 예를 들어 내년도의 영업 계획을 세우거나 향후 5년간의 목표를 세운다고 생각해보자. 당신이 고려해야 할 현실은 그 목표를 달성하기 위해 필요한 당신의 능력과 시간, 자원, 동기 등이 될 것이다. 그리고 당신이 사용할 수 있는 이런 자원들과 목표 사이에 도저히 메울 수 없는 간격이 있는지 냉철하게 파악해야 할 것이다.

　현실을 선택하는 데는 단호한 용기가 필요하다. 강인한 신념과 발전에 대한 열정도 필요하다. 그래서인지 우리는 보이지 않는 곳에 현실을 감춰 버리고 방금 이룬 성공에만 안주하려는 태도에 벌써 익숙해져 있다. 그러나 현실에서 도망친다 해도 당신에게 도움이 되는 것은 단 하나도 없다. 용기를 내 현실을 선택한다면, 성공으로 가는 길은 좀더 평평해질 것이고 장애물도 쉽게 피해나갈 수 있으며, 당신을 힘들고 놀라게 하는 일도 줄어들 것이다. 이 순간의 두려움은 잠시뿐이다. 현재의 두려움을 이겨낼 수 있다면 앞으로 두려운 일이 점점 사라질 것이다.

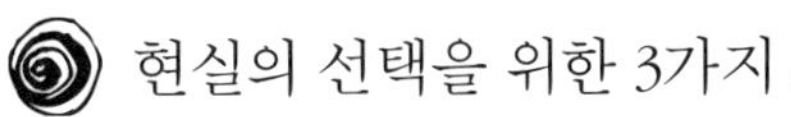 현실의 선택을 위한 3가지 조언

1. 성공하기 위해 필요한 조건은 현실을 발견하고 이를 직시하는 것이다. 현실은 실제적인 것이지 상상의 것이 아니다. 매일 당신이 처한 현실을 점검하는 것을 일상의 습관처럼 만들자.

2. 진실을 보라. 모든 상황과 인간관계, 위기상황, 성공에 깃든 진실이 무엇인지 보라. 현실을 점검할 때만이 당신이 가진 기회에 더 집중할 수 있다. 한계가 무엇인지 분명하게 드러나기 때문이다.

3. 현실의 선택이 항상 쉬운 길은 아니라는 점을 이해하자. 그러나 현실과의 대면은 우리를 앞으로 나아가도록 이끌어준다.

"당신이 현실을 보지 않으면 현실이 당신을 지배할 것이다."
알렉스 헤일리*Alex Haley*, 《뿌리》의 저자

12. 선행의 선택

세상에 베푸는 당신의 선물

"살다보면 내면의 열정이 식어버리는 때가 있다. 그러다 우연한 계기로 누군가에게 감동을 받아 그 불꽃이 다시 점화된다. 그러므로 우리는 열정에 다시 불을 지펴주는 그들에게 늘 감사해야 한다."

알버트 슈바이처 *Albert Schweitzer*, 프랑스의 의사이자 사상가

짐은 오랫동안 보이 스카우트의 자원봉사단원으로 활동하

고 있다. 주말이면 늘 그가 맡고 있는 아이들과 함께 캠프를 간다거나 축구를 하며 아이들을 친동생처럼 돌봐주는 모습이 무척 인상적이었다. 단지 같이 시간을 보내는 것만이 아니라, 아이들과 진지하게 이야기하면서 그가 생각하는 가장 최선의 방법을 이야기해주었다. 자신의 개인적인 경험을 토대로 짐은 아주 흥미로운 관찰결과를 내놓았다. 스카우트 단원 1백 명이 있다고 하면,

- 1백 명의 단원 중 소년원에 가는 아이는 한 명도 없다.
- 그 중 열두 명은 스카우트 활동을 통해 종교를 접한다.
- 열여덟 명은 평생 동안 지속될 취미와 관심사를 발견하게 된다.
- 열여덟 명은 평생 스카우트 활동과 지속적인 관계를 맺게 되고 봉사활동을 계속한다.
- 한 명은 스카우트 활동을 통해 배운 기술로 다른 사람의 생명을 구해주고 자신의 생명도 구하게 된다.
- 열일곱 명은 미래 스카우트의 지도자가 되고, 1천 명의 청소년들에게 리더십을 발휘하게 된다.

비교를 쉽게 하기 위해 미 법무부의 청소년 범죄 보고서(미연방정부, 2002)를 보자. 2001년만 하더라도 미국에서 범

죄를 저지른 청소년은 230만 명에 이르렀다. 그 중 1천 4백 명은 살인용의자, 50만 명이 강도, 차량 절도, 방화의 혐의로 체포되었다. 또한 1만 5천 명 이상의 아이들이 폭력을 휘둘렀고, 3만 7천 5백 명이 불법무기소지, 20만 2천 5백 명의 청소년들이 불법적인 마약 소지죄로 체포되었다.

도대체 스카우트 활동과 청소년 범죄 사이에 무슨 연관이 있냐고 묻는다면, 연관성이 분명히 있다고 말하겠다. 여러 가지 요소가 있지만 한 가지 분명한 점은 스카우트에는 아이들을 도와줄 수 있는 어른들이 있다는 것이다. 즉, 가장 어두운 길 위에 있는 아이들에게 빛이 되어줄 수 있는 멘토가 있기 때문에 스카우트 활동을 하는 아이들은 범죄자가 될 확률이 낮은 것이다. 다른 이들에게 도움의 손길을 내미는 스카우트의 지도자, 선생님, 자원봉사 상담자 등 무엇이든 남을 위해 헌신하는 선행의 선택이야말로 성공한 사람들의 필수조건이다.

내 일만 해도 바쁘고 힘든데 왜 굳이 남을 위해 좋은 일을 해야만 하느냐고? 만약 선행을 하는 사람이 한 명도 없다면 우리 사회는 너무 심각해지고 팍팍해지지 않을까? 닮고 싶은 역할모델도 없고, 사회적으로 본보기가 될 만한 사람도 없고, 도움의 손길이나 기부행위도, 노숙자에 대한 도움도,

약한 자를 대변하는 목소리도 사라지게 될 것이다.

우리의 어린 시절을 떠올려보자. 가족 이외의 사람들 중 우리에게 커다란 영향을 끼치고, 삶에 희망을 불어넣어줬던 이들을 쉽게 떠올릴 수 있을 것이다. 아마도 그 사람의 얼굴 표정과 특별했던 행동까지 마음속에 선명하게 떠오를 것이다. 어린 우리들의 가슴에 깊은 인상을 심어준 사람들 대부분은 자신의 사명감에 투철했던 사람들이었다. 농구의 기본인 드리블 하는 방법을 가르쳐준 선생님에서 처음 사회생활을 할 때 구원의 밧줄이 되어준 상사까지, 그들은 자신의 사명을 다한 것일 뿐이라고 말할 것이다. 그러나 그들은 분명 우리에게 열정과 희망이라는 선물을 안겨준 사람들이다.

세상에서 가장 값진 도움

내가 처음으로 사회생활을 시작할 때, 나는 성공한 비즈니스맨들의 멘토요, 책을 쓰는 작가였던 프레드 스미스*Fred Smith*를 찾아갔다. 그는 평생 내가 만나본 가장 현명한 사람 중 한 명이었다. 처음 만났을 때는 나의 응석을 받아주고 이

해해주기도 했었지만, 그 다음에 만났을 때 멘토로서 굉장
히 엄격하게 나를 대했다. 그는 아주 가혹하다 싶을 만큼 냉
정한 태도로 나를 대했고, 언제나 나를 정직하게 평가해주
었다. 심지어 오늘도 내가 꼭 귀담아 들어야 하는 아주 중요
한 정보와 조언을 주었다. 그는 예쁘게 포장하려 들지 않았
고 그럴듯한 소리만 들려주려고 하지도 않았다. 대신 순간
적으로 집중할 수 있도록 주의를 모으며 일을 진행하는 방
법, 인생 앞에 놓여 있는 장애물을 극복할 수 있는 방법을
가르쳐주었다.

내가 프레드와 보냈던 시간은 더할 나위 없이 귀중한 자
산이 되었다. 또한 나의 분야에서 겪을 수 있는 그 어떤 경
험과 대학학위보다도 더 중요한 성공의 발판이 되었음은 당
연한 일이었다. 나는 책을 쓰면서, 강연회를 하면서 나의 멘
토 프레드에 대한 이야기를 많이 하는 편이다. 그만큼 그가
남긴 유산은 말로 다 표현할 수 없을 정도로 가치 있는 것이
었다. 그런데 만약 스카우트에서 봉사하는 짐이나 프레드
같은 멘토가 없다면 우리는 어떻게 될 것인가? 나는 과연 지
금 이 자리에 있을 수 있었을까?

한번 진지하게 생각해보자. 당신이 성장하는 동안 물심양

면으로 당신을 뒷받침해준 사람이 얼마나 많았을까? 만약 자신보다 어리고 어리숙한 사람들을 기꺼이 도와주는 훌륭한 멘토가 없다면 우리는 일생을 추억할 만한 경험도, 그들이 남겨준 지혜도 갖지 못할 것이다. 만약 기성세대가 더 이상 우리의 아이들과 청소년들의 멘토가 되기를 포기한다면 그들은 과연 누구의 경험과 조언을 듣고 인생의 지혜를 얻을 수 있을까?

성공한 사람들은 자신의 지혜와 전략을 베풀 줄 알았다. 자신들이 죽은 후에도 오랫동안 남을 수 있게 귀중한 유산과 교훈을 남기겠다는 선행의 선택을 해왔다.

그렇다면 현재 우리는 어떠한가?

우리는 지금 다른 사람에게 자신을 헌신하고 있는가?

왜 우리는 다른 사람들을 위해 선행을 해야 하는가? 나보다 다른 사람을 우선순위로 놓는 선행의 선택은 많은 인내를 요구한다. 특히 상대방이 선행을 베풀려는 우리의 노력을 몰라주고 이기적으로 행동할 때는 더욱 더 그런 회의가 들기 마련이다. 아침에 눈 뜨자마자 잠들 때까지 편히 쉴 짬도 없이 바쁜데다 나의 시간과 에너지를 바칠 만한 여유조차 없는데, 갑자기 웬 선행과 봉사인가 하는 의문이 생기는 것은 당연한 일일 것이다. 그러나 당신이 지금 이 순간에 있기 위해서 얼마나 많은 사람들의 도움을 받았는지 생각해본 적이 있는가? 인간은 혼자서 살아갈 수 없다. 길을 걷다 자전거에서 넘어진 아이를 일으켜준 경험이 있는가? 여행지에서 길을 잃었을 때 현지인의 도움으로 기차역을 찾은 적이 있었던가? 누군가가 잃어버린 핸드폰을 찾아준 적은? 친구의 진실한 충고를 듣고 단점을 고친 적은?

우리는 왜 도움을 주고, 받는 것일까? 그렇게 하는 일이 '옳은 일'이기 때문이다.

선 행 을 베 풀 때 는 보 답 을 기 대 하 지 말 라

미국 농업분야에 있어 가장 위대한 과학자로 꼽히는 '땅콩박사' 조지 워싱턴 카버*George Washington Carver*는 가난한 농부들에게 땅콩 경작법을 알려줌으로써 풍요로운 농촌을 만드는 데 일조한 것으로 존경받는 사람이다. 그는 선행의 선택을 함으로써 다음 세대를 위해 귀중한 유산을 남기는 일이 얼마나 중요한지 누구보다 잘 알고 있었다. 그가 말하길, "젊은 시기에는 온화함을, 나이 든 사람에게는 동정심을, 굶주린 사람에게는 연민을, 약한 사람에게는 관용을 얼마만큼 베푸는가에 따라 우리가 인생에서 얻는 것도 달라진다. 왜냐하면 당신도 이 모든 과정을 거치기 때문이다."

한편 갖고 있는 것을 베푸는 선행에 대해 어떤 현자는 이렇게 이야기했다. "지금 당신이 도와주는 사람이 내가 도움을 필요로 할 때 꼭 그 자리에 있으리라는 기대는 하지 않는 게 좋다." 이 얼마나 훌륭한 조언인가? 남에게 선행을 베푸는 목적은 내가 베푼 만큼 다시 돌려받고자 하는 것이 아니다. 다시 돌려받고자 하는 마음이 있다면 아마 실망할 준비를 해야 할 것이다. 언젠가는 나에게도 뭔가 되돌아오는 것이 있을 거라는 기대를 하고 선행을 한다면, 그것은 진정으로 남을 돕는 것이 아니다. 그저 물물교환일 뿐이다. 만약 선행의 대가로 뭔가를 되돌려 받게 된다 하더라도 보너스 정도로 여겨라. 당신이 빌려준 것을 되받은 것은 절대 아니다.

선행이 주는 기쁨은 바로 당신이 주는 선물에 있는 것이다. 다시 되돌려 받는 것이 중요한 것은 아니라는 말이다. 당신의 장례식을 상상해보라. 당신은 사라지지만, 살아 있을 때 베푼 선행은 몇 십 년이 지나도 사람들의 마음에서 사라지지 않을 것이다. 영구차에 실을 수 있는 것은 당신의 관 하나면 충분하다.

만약 모든 행동에서 나보다 남을 우선순위로 한다면, 당신이 베푸는 선행 덕분에 인간관계를 어렵고 힘들게 하는 까칠한 부분이 부드럽게 둥글려질 것이다. 마치 네모난 쐐기를 부드럽게 깎아 사회생활이라는 동그란 구멍에 맞도록 해주는 것처럼 말이다. 선행을 베풀 때는 고맙다는 말이나 칭찬 한마디라도 기대하지 말라. 자기 스스로 그것이 옳은 일이라고 생각하기 때문에 하는 일이지 않는가?

당신이 지금 서 있는 곳에서부터

"어디에서부터 시작해야 할지 모르겠습니다. 무엇을 베풀어야 할지도 모르겠구요." 사람들은 이렇게 말하면서 선행을 옆으로 제쳐놓는다.

선행을 베푼다는 것은 동료의 일을 대신 맡아줘 그 사람이 딸아이의 축구경기를 관람할 수 있도록 도와주는 간단한 일일 수도 있고, 이제 갓 사회생활을 시작하는 신입사원들에게 진심어린 조언과 격려의 말을 해주는 일일 수도 있다. 시간과 지혜만 있으면 언제라도 당신만의 선행을 베풀 수 있다. 고대 로마의 철학자 세네카는 선행을 실천하는 데 주저하는 사람들에게 이런 말을 남겼다. "나 이외의 다른 사람이 존재하는 한, 친절을 베풀 기회는 늘 있기 마련이다."

옆자리의 동료, 상사 혹은 친구에게 다가가서 먼저 당신이 가진 작은 것을 베풀어보라. 시작하는 곳은 어디라도 좋다. 당신이 베푼 조그만 친절이 한 사람의 인생을 바꾸어 놓는 큰 힘이 되기도 한다는 것을 명심하자.

겉만 보고 판단하지 말라

학기말고사 시간, 영문학 교수는 시험을 치고 있는 학생들을 둘러보았다. 그러다 한 여학생에게 눈길이 멈추었다. 다들 시험 치르느라 정신이 없었는데, 그 여학생만은 창밖의 풍경에 정신이 팔려 있는 것처럼 보였다. 교수는 자신의 강의가 그 여학생에게 아무런 영향도 주지 못했기 때문에 시험도 건성으로 치른다는 생각이 들어 고개를 저었다. 예

전과 달리 자신의 강의에 별 감흥을 못 받는 학생이 생겨난
다는 생각에 자신의 강의가 실망스럽기까지 했다.

시험시간이 끝나자 그 여학생은 교수의 책상 위에 시험지
와 함께 편지봉투 하나를 놓고 나갔다. 겉봉투에는 두 개의
막대 사탕이 예쁘게 붙어 있었다. 여름방학을 축하하는 메
모지 아래 학생의 글씨가 보였다. "선생님은 제 미숙한 생각
도 진지하게 받아주셨고, 저도 선생님의 수업에 함께 참여
할 수 있다는 것을 일깨워주셨습니다. 저에게 이런 경험을
처음으로 하게 해주신 선생님을 절대 잊지 못할 겁니다."

당신의 선행을 받은 사람들의 겉모습이나 반응만 보고 선
행의 힘을 판단하지 말라. 많은 경우, 당신이 크게 의식하지
않고 보여주는 몸짓, 용기를 넣어주는 한마디, 부드러운 미
소는 당신이 예상하는 것보다 훨씬 큰 의미로 다른 사람에
게 용기를 북돋아준다. 당신의 선행을 스스로 과소평가하지
말고 믿음을 가지자.

선 행 의 법 칙

본질적으로 우리가 베푸는 도움은 진심에서 우러나와야 한다. 보답을 기대하면서 좋은 일을 하는 것은 바람직하지 않지만, '착한 일을 하면 복을 받는다'라는 너무나 익숙한 옛말처럼 언젠가는 남에게 큰 도움을 받기 마련이다. 여기 이런 선행의 법칙을 너무나 잘 보여주는 감동적인 일화가 있다.

영국의 한 농부가 늪에 빠진 소년을 구해주었다. 소년을 구하려 노력하는 순간마다 자신도 죽을지 모른다는 두려움을 떨칠 수 없었지만, 결국 사투를 벌인 끝에 늪에 빠진 소년을 구해낼 수 있었다. 그날 저녁, 지체 높아 보이는 신사 한 명이 농부의 허름한 오두막에 들렀다. 자신을 늪에 빠졌던 소년의 아버지라고 소개하면서 감사의 마음으로 보답을 하고 싶다는 뜻을 밝혔다. 농부는 마땅히 해야 할 일을 한 것뿐이라며 이를 정중히 거절하였다. 그러자 신사는 농부의 옆에 있는 그의 아들을 보고 아이가 대학에 들어갔을 때 학비를 대겠다고 제안했다. 신사의 의지가 너무나 강했기에 농부는 어쩔 수 없이 그의 제안을 받아들였고, 반듯하게 자

란 농부의 아들은 신사의 도움 덕분에 대학에 들어가 과학
을 전공했다. 그 농부의 아들이 바로 페니실린을 개발한 알
렉산더 플레밍*Alexander Fleming*이다. 그런데 우연의 일치
인지 농부가 구해준 소년, 즉 신사의 아들이 중년이 되었을
때 지독한 폐렴에 걸리게 되었고, 그는 플레밍의 페니실린
덕분에 목숨을 건질 수 있었다. 그 사람이 바로 윈스턴 처칠
이었다.

놀랍지 않은가? 이 일화가 들려주는 도덕적인 원칙은 무엇
인가. 다른 사람에게 뭔가를 베풀면 그 몇 배의 보상이 돌아
온다는 것이다. 그것이 바로 선행의 법칙이다.

신뢰받는 멘토는 영원한 유산을 남긴다

멘토란 말은 정확히 그리스 신화에서 비롯된다. 오디세우
스가 트로이 전쟁을 떠나며 한 친구에게 아들인 텔레마코스
를 보살펴 달라며 맡겼는데, 그 친구의 이름이 바로 멘토였
다고 한다. 그 후로 멘토라는 그의 이름은 지혜와 신뢰로 한
사람의 인생을 이끌어주는 지도자라는 의미로 사용되고 있

다. 성공한 사람들을 보면 누구나 부러워할 만한 멘토를 가지고 있다. 그 사람이 할아버지든 선생님이든 동료든, 멘토는 사적으로나 공적으로 힘들고 어려운 일을 겪을 때 우리에게 보석 같은 조언을 해주는 사람들이다. 또한 뿌연 안개 때문에 앞으로 나아갈 길이 잘 보이지 않을 때, 우리 시야에서 안개를 확 걷어내주는 사람이다.

작가인 미치 앨봄*Mitch Albom*은 대학시절 스승인 모리 슈워츠*Morrie Schwartz*를 멘토로 모셨다. 대학을 졸업한 후 20년이 지나는 동안, 미치는 모리 교수와 멀어져 갔다. 미치는 시간과 에너지를 모조리 소비하는 바쁘고 피곤한 삶을 살고 있었다.

그러다 미치는 모리 교수를 다시 만나게 되었고, 그의 삶이 얼마 남지 않았다는 것을 알았다. 미치는 매주 화요일 그를 방문했고, 모리 교수는 미치와의 대화를 통해 삶에서 가장 값지고 아름다우며 중요한 것들에 대해 이야기를 나누고 공유했다. 그 결과로 나온 것이 《모리와 함께한 화요일 *Tuesdays with Morrie*》이란 책이다.

모리 교수는 미치와 함께 시간을 보내면서 자신의 마지막 선행을 베풀고 갔다. 그리고 그의 재능과 선행은 책으로 결실을 맺었다. 비록 모리 교수와 함께 있었던 사람은 미치뿐이었지만, 그 책을 통해 수많은 사람이 현명한 멘토를 공유하게 된 셈이다. 이 얼마나 가슴 벅찬 일인가?

멘토링이란 어려움을 공유하는 것

거리를 걸어가던 어느 남자가 별안간 맨홀구멍에 빠졌다. 그 구멍이 어찌나 깊던지 혼자서는 도저히 빠져나올 수가 없을 정도였다. 간절하게 지상을 쳐다보았지만 근처를 지나가는 사람도, 자신을 구해줄 사람도 보이지 않았다.

잠시 후, 성직자가 길을 지나가다 살려달라는 소리를 듣고 구멍에 빠진 남자를 발견했다. 성직자는 "아니 왜 구멍에 들어가 있소?"라고 물었다. "빠져서 나갈 수가 없습니다. 어떻게 좀 도와주세요!" 그러자 성직자는 남자를 위해 기도하겠노라고 말하고는 가던 길을 재촉했다.

얼마 후, 경찰관이 지나가다 역시 살려달라고 외치는 소리를 듣고 남자를 발견하였다. "아니 그 속에서 뭐하는 거요?" 그러자 그 남자는 "빠져서 나갈 수가 없으니 빨리 구해주세요!"라고 대답했다. 그러자 그 경찰관은 "이런 곳에서 길을 건너니까 구멍에 빠지는 거요!" 라면서 남자에게 무단 횡단 딱지를 떼어 구멍 속으로 던지고는 역시 다른 곳으로 가버렸다.

이번에는 지나가던 인권보호자가 구멍에 빠진 남자를 발견하고는 "맨홀구멍에 왜 들어가 있소?"라고 물었다. 남자는 "빠져서 나갈 수가 없으니 제발 구해주세요."라고 대답했다. 그러자 그 인권보호자는 "사람이 다니는 길에 이렇게 깊은 맨홀을 파는 것은 인권을 위협하는 행위요!"라고 외치며 '남자가 구멍에 빠졌다. 모든 인간은 걸을 수 있는 권리가 있다! 보행권을 보장하라' 는 피켓을 들고 한참 시위를 하다가 사라져버렸다.

마지막으로 그 남자의 친구가 구멍에 빠진 남자를 발견했다. "자네 왜 거기에 들어가 있어?" 그 남자는 "빠져서 나갈 수가 없네. 누구 좀 불러줘!"라고 대답했다. 그러자 그 친구는 주저하지 않고 맨홀구멍 속으로 뛰어내렸다. 그는 깜짝 놀라 친구에게 물었다. "자네까지 왜 구멍으로 뛰어 내렸어? 여기서 절대 나갈 수 없단 말이야. 성직자는 기도만 하고 갔고, 경찰은 내게 벌금딱지를 끊고 가버렸지. 그리고 인권보호자는 인권보호 피켓만 요란하게 흔들다 또 딴 곳으로 가버렸다네. 그런데 자네는 지금 이 구멍으로 뛰어 내렸으니, 자네 제 정신인가?"

그러자 그 친구는 이렇게 대답했다. "걱정하지 말게. 왜냐하면 나도 예전에 이곳에 빠진 적이 있기 때문에 자네와 함께하려고 뛰어 내렸다네. 그리고 나는 빠져나가는 길을 알고 있지."

빠져나올 수 없는 깊은 수렁에 빠진 사람을 구해낼지 지나쳐야 할지 고민스러운 상황은 현실에서 그리 자주 일어나지는 않는다. 그러나 구멍에 빠진 사람이 나오려고 애를 쓰는 상황을 만난다면 당신은 말만 하지 말고 직접 그 사람에게 도움의 손길을 내밀어야 마땅하다. 다른 사람의 신뢰를 받는 멘토, 지도자, 선생은 주변 사람들의 인생에 실질적인 도움과 함께 깊은 인상을 남긴다. 그들의 박애적인 행동을 보면 성공하는 데 있어 반드시 필요한 조건이 무엇인지 가르쳐준다. 바로 배려와 나눔이라는 덕목이다. 그들은 다른 데서 배울 수도 없고 돈으로도 살 수 없는 귀중한 자산을 우리에게 아낌없이 준다.

당신은 무엇을 남길 것인가? 다음 세대를 위해서 당신이 남길

위대한 유산은 과연 무엇인가? 우리가 선행을 베풀 때는 스스로의 선택에 의한 것이지, 누군가 강요한다고 남을 돕는 것은 아니다. 당신이 베푸는 작은 선행은 지금 함께 살아가는 동료와 친구, 타인들에게 닿았을 때, 몇 배로 불어나 그들의 마음을 살찌게 할 소중한 양식이 될 것이다. 그 선행의 선물에 감히 가격을 매길 수 있을까? 그 어떤 플래티늄 카드로도 살 수 없는 귀중한 것이다.

당신은 성공할 수 있을 것이다. 그리고 당신이 선행을 선택했을 때, 당신의 성공은 가장 의미 있고 값진 것이 된다. 당신의 몸이 사라진다 해도 당신의 지혜와 의지, 용감함과 헌신은 다음 세대로 전해져 영원히 이어지기 때문이다. 부귀영화가 아닌 정신이야말로 진정한 유산이 아닐까?

 ## 선행의 선택을 위한 3가지 조언

1. 성공으로 가는 길을 찾고 있는 누군가의 멘토가 되어 당신의 지식을 함께 나누라.

2. 당신이 나누어줄 수 있는 가장 위대한 선물은 바로 지식과 경험이다. 자신을 헌신하는 것은 진심에서 우러나오는 것이어야 한다. 기대하지 않고 내 것을 나누어주면 언젠가 그 몇 배의 보상이 찾아올 것이다.

3. 지금 당신이 있는 곳에서부터 시작하라. 당신이 갖고 있는 지식과 경험을 원하는 사람은 언제나 있기 마련이다.

"우리는 더 많은 것을 얻기 위해서라도 많은 것을 베풀어야 한다. 자신을 아낌없이 나누어줄 때, 풍부한 추수를 보장받을 수 있다."
오리슨 스웨트 마든*Orison Swett Marden*, 《행복하다고 외쳐라》의 저자

축배를 들라!
당신이 성공하는 그 순간을 위해!

"모든 사람은 살면서 자신만의 특별한 순간을 맞게 되고 남들의 존경을 받을 수 있는 특별한 일을 할 수 있는 기회가 온다. 그러나 가장 영광스런 그 순간에 준비가 부족하다면, 이 얼마나 비극적인 일인가?"
윈스턴 처칠*Winston Churchill*

어쩌면 이 책은 당신의 성공을 응원하기 위해서가 아닌, 당신만의 특별한 성공의 순간에 대비해 미리 준비할 수 있도록 쓰여진 것이 아닌가 하는 생각이 든다.

강철왕 앤드류 카네기*Andrew Carnegie*는 이렇게 말했다. "보통의 사람은 자신이 갖고 있는 에너지와 능력의 25% 만을 일에 쏟는다. 그러나 세상은 자기가 가진 능력의 50% 이상을 쏟은 사람에게 모자를 벗어 경의를 표한다. 자기가 아주 드물게 가진 능력의 100%를 쏟는 사람에게는 모두가 일어서서 존경을 표시한다."

단지 25%일 뿐이라니, 부끄럽지 않은가? 그러나 우리 모두는 '보통' 사람으로 치부되기에는 너무나 탁월한 재능과 능력을 가지고 있다. 단지 하루하루를 살면서 지금까지 소개했던 12가지를 잘못 선택하고 있었을 뿐이다. 나는 당신이 사회적으로, 개인적으로 성공한 삶을 살기 위해 열정적으로 모든 것을 바치는 아주 드문, 탁월한 소수가 되겠다는 선택을 하기 바란다.

성공한다는 것은 아주 힘든 일이다. 성공하기 위해서는 사업을 할 때 예산계획을 세우듯 철저하게 계획되어야 한다. 기업에서 예산을 짤 때, 지출을 고려하고 적절한 예산분

배를 하며 마지막엔 지출에 대한 회계감사를 하는 등 일련의 과정이 철저하게 이루어진다. 더불어 끊임없이 변하는 외부환경과 조건에 적응하도록 유동적인 면도 갖추어야 한다. 개인이 성공을 계획하는 일도 마찬가지다. 당신의 에너지와 시간을 어디에 투자할 것인지 계획하고, 그 계획을 실현시킬 수 있는 활동에 집중하라. 그리고 당신만의 특별한 성공의 순간에 대비하라!

한두 가지의 선택만으로 성공한 사람과 실패한 사람이 나뉘지지는 않지만, 매일의 순간적인 선택들이 모이고 모여서 결국은 성공과 실패라는 커다란 결과의 차이를 가져온다. 이 책을 통해 내가 공유하고자 했던 정보와 지식이 당신의 성공에 도움이 되었으면 좋겠다. 희생양과 헌신, 가치, 정직, 실행, 인내, 태도, 역경, 관계, 비판, 현실, 선행이라는 하루에도 수없이 이루어지는 12가지 순간의 선택. 이 순간 이후 사소한 선택을 내릴 때라도 '어떠한 선택이 진정 나를 위한 것인가'를 한 번만 더 생각하자. 간절히 믿고 앞을 보고 나아가자. 삶의 여정에서 만나는 현명한 선택은 당신에게 진실된 명예와 성공을 가져다줄 것이다. 그 순간을 위해 축배의 잔을 준비하자!

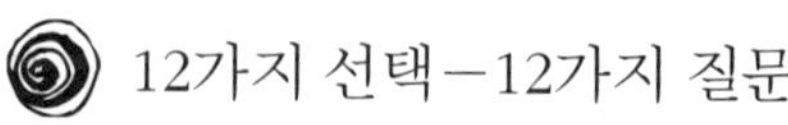# 12가지 선택 — 12가지 질문

마 음 가 짐 의 선 택

1. 희생양의 선택 : 과거에 얽매여 미래를 포기하겠는가?
   나의 성공에 대해 전적인 책임감을 느끼고 있는가?

2. 헌신의 선택 : 성공하고 싶은가? 그렇다면 열심히!
   성공을 위해 그에 합당한 대가를 치르고 있는가?

3. 가치의 선택 : 내 가치와 반대되면 모두 적이라고?
   내 가치와 성공의 반대편에 적들이 있다는 사실을 받아들일
   수 있는가?

4. 정직의 선택 : 옳은 일은 언제나 옳다
   나의 정직을 희생하지 않고도 성공을 얻을 수 있을 것인가?

행동의 선택

5. 실행의 선택 : '나중'은 잊고 '지금' 움직여라

자만심에 빠지지 말고 무슨 일이든 실행하여 성공을 향해 앞으로 달려가겠는가?

6. 인내의 선택 : 실패에서 배운다

실패를 겪어도 인내하고 끈질기게 지속하겠는가? 성공할 만큼 충분히?

7. 태도의 선택 : 숨어 있던 열정을 *끄집어내자*

예기치 못한 불행과 고난 속에서도 긍정적이고 열정적인 태도를 잃지 않을 것인가?

8. 역경의 선택 : 불행은 반드시 정복되리라

살면서 만나게 될 고난과 인생의 불공정함에 굴하지 않고 목적을 이루기 위해 역경을 헤쳐나갈 것인가?

9. 관계의 선택 : 사람과 사람 사이, 기회를 잡아라

　　동료, 가족 그리고 친구들과 긍정적인 인간관계를 구축하기

　　위해 기꺼이 시간을 투자할 것인가?

10. 비판의 선택 : 가혹하지만 가치 있는 레슨

　　타인의 비판을 성공에 이르도록 도와주는 귀중한 가르침으

　　로 받아들일 것인가?

11. 현실의 선택 : 진실과 대면하라

　　내 자신과 주변의 사람들을 진실하게 평가하는가?

12. 선행의 선택 : 세상에 베푸는 당신의 선물

　　내 경험과 지식을 다른 이들에게 전파하고 있는가?

마 지 막 질 문

당신만의 특별한 성공의 순간을 맞을 만반의 준비가 되어 있
는가?

선택하고, 실행하고, 실천하라

성공에 필요한 태도와 선택이 어디 12가지뿐이겠는가? 저자가 제시하고 있는 선택들을 가만히 들여다 보면, 그것은 성공자체를 목표로 삼는 무미건조한 선택이 아니라 우리 모두가 인생을 살면서 지속적으로 유지하고, 계발하고, 삶 자체를 채워나가는 것이라는 것을 알 수 있다.

　나는 이 책을 번역하는 중간에 의왕시와 자매결연을 맺은 미국 아칸소*Arkansas* 주의 노스 리틀락*North Little Rock* 시의 시장님과 시의회 관계자들과 동행하며 자원봉사로 통역을 하게 되었다. 그때 만났던 (주)시몬느의 대표이사이신 박은관 님을 통해 성공하는 사람, 성공하는 사람들의 선택을 아주 생생하게 느낄 수 있었다.

　1987년도에 설립된 (주)시몬느는 세계 명품 핸드백을 생산하는 ODM 회사에서, 이제는 세계 패션 브랜드 회사와 동반자적 관계로 통합 컨설턴트의 역할을 수행하고 있다. 유명백화점에서 고가로 팔리고 있는 명품 핸드백의 50% 이상이 (주)시몬느의 손을 거쳐 간 제품이라고 한다. 이런 표면적인 성과 말고도 가장 인상 깊었던 것은 바로 대표이사인 박은관 님의 태도에 있었다. 회사의 홍보에서부터 대한민국 건축대상을 수상한 사옥 구석구석을 돌아다니며 설명하는 그분의 말 속에는 성공하는 사람들에게서만 볼 수 있는 자신감, 에너지, 긍정적인 태도, 유머감각 등이 넘쳐나고 있었다. 늦게까지 회사에서 생활해야 하는 직원들에 대한 배려로 회사가 번창하면 편안하고 멋진 사옥을 짓겠다는 약속을 10여년 후에, 그것도 아주 훌륭하게 지킨 것이다.

긍정적인 태도와 에너지가 넘치는 사람 옆에 있으면 덩달아 옆에 있는 사람도 기운이 넘쳐난다. 저자의 말 그대로 낙관성은 전염성이 무척이나 높다. 지금까지 그에게 역경이 전혀 없었겠는가? 작은 중소기업에서 지금의 자리에 오르기까지, 그 회사가 오늘날의 성공을 거머쥔 것은 결코 우연이 아니라는 것을 대표이사의 태도에서 충분히 짐작할 수 있었다. 실패를 겪어도 비관하지 않고, 헌신적으로 한 분야에 매달려서 한 조직의 모든 에너지를 집중시키고, 긍정적인 태도로 방향을 제시해나가는 리더와 조직의 구성원들에게는 성공이 저 모퉁이에서 기다리고 있는 것처럼 보였다. 왜냐하면 그들은 성공에 필요충분한 조건들을 선택하고 수행하고 있었기 때문이다.

이 책을 읽는 여러분들에게 필요한 것은 지금부터 그런 선택들을 실행하고 실천하는 것이다.

옮긴이 정경란

지은이

데이비드 코트렐*David cottrell*

코너스톤 리더십 연구소*CornerStone Leadership Institute*의 CEO
인 저자는 세계적으로 잘 알려진 리더십 컨설턴트이며 교육자이
자 강사다. 그는 제록스*Xerox* 사와 페덱스*FedEx* 사에서 다년간
경영진으로 근무한 경력이 있으며, 코너스톤 사를 창립하기 전
에는 여러 기업을 성공적으로 회생시키기도 한 경영의 귀재다.
그는 전문 경영인으로서 보낸 25년간의 경험을 살려 10권 이상
의 저서를 출간하였고 미국 전역을 누비는 대중 강연가로서 명
성을 얻고 있다. 그의 리더십에 관한 메시지는 전 세계 25,000
여 경영자들에게 전달되고 있다

옮긴이

정경란

동국대학교에서 인도철학과 서양철학을 공부했으며, 라디오
불교방송국에서 방송작가로 활동했다.《몸과 영혼의 에너지 발
전소》,《영혼을 깨우는 100일간의 여행》,《New Normal : 부와
비즈니스가 움직이는 새로운 기준》외 여러 책을 번역했다.